大家受啟發的

大家身影系列 002

回憶蘇格拉底

弟子筆下的老師思想／行誼之我見

ΕΝΟΦΩΝΤΟΣΑΠΟΜΝΗΜΟΝΕΥ
ΜΑΤΑ

色諾芬 Ξενοφών —— 著
吳永泉 —— 譯

大家受啓發的 大家身影

走過，必留下足跡；畢生行旅，彩繪了閱歷，也孕育了思想！人類文明因之受到滋潤，甚至改變，永遠持續！

將其形諸圖文，不只啓人尋思，也便尋根與探究。

昨日的行誼，即是今日的史料；不只是傳記，更多的是思想的顯影。一生浮萍，終將漂逝，讓他走向永恆的時間和無限的空間；**超越古今，跨躍國度，「五南」願意！**

思想家、哲學家、藝文家、科學家，只要是能啓發大家的「**大家**」，都不會缺席。

至於以「武」、以「謀」、以「體」，叱吒寰宇、攪動世界的風雲人物，則不在此系列出現。

目次

第三卷

第四卷

第一卷

第一章

雅典人判處蘇格拉底死刑的兩個罪狀，第一節。列舉一些論證駁斥第一個罪狀：蘇格拉底經常向諸神獻祭，第二節。蘇格拉底占卜，他的守護神並非新神，第二—五節。他勸人在困難中求告神，第六—九節。他沒有犯不虔敬的罪，他回避對神進行虛妄的推論，並說哲學的任務是研究德行，第十—十七節。他的一生符合於道德準則，第十八—二十節。

1

我常常感到奇怪的是，那些控訴蘇格拉底的檢察官們[1]究竟[2]用了一些什麼論證說服

1. 在柏拉圖的《申辯篇》裡提到了檢察官的名字：米利托斯，一個拙劣的悲劇和歌曲作者；安奴托斯，一個硝皮匠或製革匠；呂康，一個演說家。——譯者

2. 原文*τίσι ποτέ*含有「究竟」、「到底」之意，一般英譯本多未將此意表出。——譯者

了雅典人，使他們認為，他應該由城邦判處死刑。他們對他的起訴書的大意是這樣的：蘇格拉底的違犯律法在於他不尊敬城邦所尊敬的諸神而且還引進了新的神；他的違法還在於他敗壞了青年。

2 首先，說他不尊敬城邦所尊敬的諸神，他們提出了什麼論據來呢？他常常在家中獻
祭，也常常在城邦的公共祭壇上獻祭，這是人們有目共睹的；他從事占卜，這也不是人們
不知道的；因為，「蘇格拉底經常說神明指教了他」，這句話已經成為人們常說的口頭禪
3 了；其實，他們指控他引進新神，主要正是由於這種情況推想出來的。然而他並沒有比那
些從事占卜，求教於徵候、聲音、異兆和祭祀的人們引進過什麼更新的神；這些人並不認
為異鳥或那些遇到它們的人們，會知道哪些事對於追求預兆的人有利，而是認為，神明藉
它們為媒介，把那些預示吉凶的事顯示出來；蘇格拉底所懷抱的見解也就是這樣。大多數
4 人表面上都說，他們之所以避開或趨向某一件事情，是由於受到了異鳥或遇到它們的人們
的啟示，但蘇格拉底則照著心中的思想說話，因為他說，神明是他的勸告者。他還時常勸
告他的許多朋友做某些事情而不做另一些事情，並且暗示這是神明預先警告他的；那些遵
照他的指點去做的人都得到了好處，而不理睬他的指示的人都後悔了。

5 誰能不承認蘇格拉底不願在他的朋友面前顯得是個愚人或自誇者呢？但是，如果在他
說自己是受到了神的指示之後，卻被證明是個說謊者，他就會顯得既是愚人又是自誇者

了。所以，很顯然，如果他不相信自己的話會被證實，他就不會預先說出來了。但是，在
這一類事上，除了信賴神以外，誰還會信賴任何人呢？一個信賴神的人，怎麼還會以為沒
有神呢？

6 他對待他的朋友，也是按照自己的信念行事，因為他總是照著他所認為最好的辦法，
勸他們做那些必須而富有成效的事情；至於那些結果如何尚難確定的事，他就打發他們去
7 占卜，以決定行止。他說，凡想把家庭或城邦治理好的人都需要占卜；至於想要熟練於建
築、金工、農藝或人事管理工作，或想在這一類藝術方面成為一個評鑑家，或者做一個精
於推理，善於持家的人，或者想要做一個有本領的將領，所有這一類事情，他認為完全屬
8 於學習問題，是可以由人的智力來掌握的。但他說，關於這一類事情的最重要的關鍵，神
明都為自己保留著，它們都是人所看不出來的；因為很顯然，既不是所有把田地耕作得很
好的人都一定收穫其果實，也不是所有把房屋蓋得很好的人都一定住在其中；善於將兵的
人當起將領來未必就對他本人有利；有政治才能的人當國家的領袖，對他本人來說也不見
9 得就好；娶美貌的妻子、想因她獲得幸福的人未必不因她受禍；藉裙帶關係[3]攀附權貴的

---

3. κηδεστής，裙帶關係，希臘原文的這一意義，在所見到的英、德文譯本中，似乎都未表達出來。——譯者

人不一定反而不因之遭受流放。他把那些認為這些事並不隨神意而轉移，而是一切都憑人
的智力決定的人稱為瘋子，正如他把那些對於神明已經准許人運用他們的才能可以發現的
事情還要求助於占兆的人稱為瘋子一樣；例如，一個人求問：是用一個知道怎樣趕車的人
做車夫好呢，還是用一個不知道怎樣趕車的人做車夫好呢？用一個知道怎樣駛船的人去管
船好呢，還是用一個不知道怎樣駛船的人去管船好呢？又如，對於那些可以通過計算、測
量、權衡弄清楚的事還要去求問神，也是如此。蘇格拉底認為，凡對於這一類事還要求問
神的人就是犯了不敬虔的罪。他說，人的本分就是去學習神明已經使他通過學習可以學會
的事情，同時試圖通過占兆的方法求神明指示他那些向人隱晦的事情，因為凡神明所寵眷
的人，他總是會把事情向他們指明的。

10 蘇格拉底常出現在公共場所。他在早晨總往那裡去散步並進行體育鍛鍊；當市場上人
多起來的時候，總可以看到他在那裡；在別的時候，凡是有人多的地方，多半他也會在那
11 裡；他常做演講，凡喜歡的人都可自由地聽。但從來沒有人看見過蘇格拉底做什麼不敬虔
的事，或者說什麼褻瀆神明的話；因為他並不像其他大多數哲學家那樣，辯論事物的本
性，推想智者們所稱的宇宙是怎樣產生的，天上所有的物體是通過什麼必然規律而形成
12 的。相反，他總是力圖證明那些寧願思考這類題目的人是愚妄的。首先，他常問他們，是
不是因為他們以為自己對於人類事務已經知道得足夠了，因而就進一步研究這一類的題

目，還是因為儘管他們完全忽略了人類事務而研究天上的事情，他們還以為自己做得很合
13 適。更令他感到驚異的是，他們竟不能看出，對於人類來說，不可能使自己滿足於這一類
事情，因為即使那些以研究這些事為誇耀的人，他們彼此的意見也不一致，而是彼此如瘋
14 如狂地互相爭執著。因為對於瘋狂的人來說，有的是對於應當懼怕的事毫不懼怕，另一
些則是懼怕那些不應當懼怕的事情；有的在人面前無論做什麼說什麼都不覺羞恥，另一些
則以為自己完全不應當到人群中來；有的對於廟宇、祭壇或任何奉獻給神的東西都毫不尊
重，另一些則敬拜石頭、木頭和野獸；因此，在那些考慮宇宙的本性的人中，有的人就以
為一切的存在就是一，而另一些人則以為有無數的世界；有的人以為萬物是在永遠運動
著，另一些人則以為沒有一樣東西是動的；有的以為萬物是在發生著並腐朽著，另一些則
以為沒有什麼東西是在發生或腐朽。

15 關於這一類的哲學家，他還會問，是不是像那些學會了人們所運用的技藝的人們那
樣，他們希望為了他們自己，或是為了他們所願意的人們而把他們所學會的技藝付諸實
踐，同樣，那些研究天上事物的人，當他們發現萬物是憑著什麼規律實現的以後，也希望
能夠製造出風、雨、不同的節令以及他們自己可能想望的任何東西來，還是他們並沒有
16 這類的希望，而是僅以知道這一類事物是怎樣發生的為滿足呢？這就是他對於那些從事這
一類研究的人所作的評論；至於說到他本人，他時常就一些關於人類的問題作一些辯論，

考究什麼事是敬虔的，什麼事是不敬虔的；什麼是適當的，什麼是不適當的；什麼是正義的，什麼是非正義的；什麼是精神健全的，什麼是精神不健全的；什麼是堅忍，什麼是懦怯；什麼是國家，什麼是政治家的風度；什麼是統治人民的政府，以及善於統治人民的人應當具有什麼品格；還有一些別的問題，他認為凡精通這些問題的人就是有價值配受尊重的人，至於那些不懂這些問題的人，可以正當地把他們看為並不比奴隸強多少。

17 因此，關於蘇格拉底沒有表示過意見的那些問題，法官們對他作了錯誤的判斷是毫不
18 足怪的，奇怪的是，他們竟沒有考慮一下那些人所共知的事情。當他還是議會的一個成員的時候，他作為議員，曾經宣誓就職，在誓詞裡表示，他將依法進行表決。當民眾要求他只一次違法表決，處死塞拉蘇洛斯、艾拉西尼底斯和他們的同事[4]的時候，他正是人民大

---

4. 公元前四〇六年，雅典海軍在戰勝斯巴達人以後，海軍將領決定以主力艦艇追擊敵人，另留一部分官員及士兵負責救護受傷艦艇上的海員並掩埋陣亡將士的屍體，但因當時海上興起了大風暴，這在雅典人眼中看來非常神聖的救護傷殘和安慰英靈的工作未能完成。事後雅典人民對負責將領以失責罪起訴。當時所有其他議員都一致表決將十個將領處以死刑，只有蘇格拉底一人因此種起訴不合法而提出了抗議，堅決投了反對票。這裡只提到塞拉蘇洛斯和艾拉西尼底斯兩人的名字作為代表。被判刑的雖有十人，但因有一人不在場，一人已死，另有兩人逃亡，實際被處決者只有六人。——譯者

會的主席，儘管群眾向他發怒，許多有權勢的人發言恫嚇他，要他付諸表決，他還是拒絕
19 了，他認為遵守誓詞比違反正義以滿足群眾的要求，或在威脅之下委曲求全更為重要。因
他以為神明看待人並不像有些人所想像的那樣，他們以為神明知道一些事，卻不知道另一
些事；而他卻認為神明知道一切的事，無論是說的、做的，或在靜默中所想念的。神明是
無所不在的，並且把一切有關於人的事向人指明。

20 因此，我覺得很奇怪，雅典人怎麼會認為，蘇格拉底關於神的見解是不健全的。他從來沒有說過或做過對神不敬虔的事，他關於神明所說和所做的事都是這樣一些事情，如果有任何別的人同樣地說和做的話，他們就會被認為，而且的確曾經被認為是非常虔敬的。

第二章

答覆對於蘇格拉底的其他指控。他並沒有敗壞青年，因為他的全部教訓都是勸戒他們不要犯罪並勉勵他們培養自制和各種德行，第一—八節。他勸勉他們遵守法律，第九—十一節。如果克里提亞斯和阿爾克比阿底斯聽了他的教訓之後變壞了，其咎並不在於他，第十一—二十八節。在他們離開他之前，他曾力圖挽救他們，其他一些完全聽從他的教導的人，都成了高尚有德之人，第二十八—四十八節。駁斥另一些瑣碎的指控，第四十九—六十節。他的仁愛、無私和一般優點，第六十一—六十四節。

1

我所認為奇怪的另一件事是任何人竟能相信蘇格拉底敗壞了青年。除了我們在前面關於他所說的以外，蘇格拉底不僅是一個最能嚴格控制他的激情和嗜欲的人，而且也是一個最能經得起冷、熱和各種艱苦勞動的人；此外，他還是一個非常慣於勤儉生活的人，儘管

2 他所有的很微薄，但他卻很容易地使它應付裕如。他本人既然具有這樣高尚的品格，怎麼
反倒會使別人成為不敬虔、不法、奢侈、不能自制，或過於柔弱、經不起辛勞呢？正好相
3 反，他制止了許多人的犯罪行為，引導他們熱愛德行，給予他們希望，如果他們謹慎為
人，他們就會成為光榮可敬的人。當然，他並沒有宣稱自己是這樣的一位教師，但由於他
顯示了他自己就是這樣的人，這就使那些和他交遊的人[1]可以滿懷希望，相信自己如果仿
效他那樣為人，也可以成為像他那樣的人。

4 他從來不忽視身體健康，也沒有稱道過那些忽視身體健康的人。他不贊成人吃得過飽
之後，又去從事無節制的勞動，但他建議人們藉適度的勞動，把歡暢地吃下去的飲食儘量
消化掉；他說，這樣的習慣是有利於健康的，而同時，對於照顧心靈，也沒有妨礙。他在
衣服、鞋物或其他生活習慣方面，既不考究華麗，也不以外表為誇耀。然而，他並沒有使
5 那些和他在一起的人[2]變成貪愛錢財的人，因為不管是在這方面，或在其他慾望方面，他
6 都要他們有節制[3]；對於那些渴望聽他講學的人，他自己也沒有索取過金錢的報酬。他認

1. 原文συνδιατρίβοντας，指蘇格拉底的門人。——譯者
2. 原文συνόντας，也是指蘇格拉底的門人而言，在本書中有時也直接譯為「門人」。——譯者
3. 原文ἔπαυε，本義為制止，停止。——譯者

為，不取報酬的人是考慮到自己的自由，而稱那些為講學而索取報酬的人是迫使自己做奴
7 隸，因為他們不得不和那些給予他報酬的人進行討論。他還感到驚異的是：任何自稱為教
導德行的人竟會索取金錢作為報酬，而不認為獲得一個朋友這件事本身就已經是最大的利
益，反倒深怕那些由於他們的幫助而成為光榮可敬的人們，不會對於他們的最大的恩人懷
8 抱由衷的感激。的確，蘇格拉底並沒有對任何人這樣明白表示過，但他深信，凡和他交遊
而又接受了他的意見的人們，必然會成為他自己和別人的好朋友。具有這樣高尚品格的人
怎麼會敗壞青年，難道培養德行本身就是敗壞不成？

9 指控他的人說：「但是，我敢指丟斯起誓，他的的確確使得那些和他交往的人們輕
視現行的律法，因為他說，『用豆子拈鬮的辦法來選舉國家的領導人是非常愚蠢的，沒
有人願意用豆子拈鬮的辦法來雇用一個舵手、或建築師、或奏笛子的人、或任何其他行
業的人，而在這些事上如果做錯了的話，其危害是要比在管理國務方面發生錯誤輕得多
的』」；他們說，「這一類言論激起了青年人對於現有的政府形式的不滿，並使他們趨向
10 於採取暴力行為。」但我以為凡運用理智，並希望能夠為了同胞們的利益而對他們進行指
導的青年，是絕不會憑藉暴力行事的，因為他們知道，仇恨和危險常伴隨暴力，而利用善
意說服的辦法，就可以不冒危險取得同樣的效果。凡被我們強迫的人，會像我們強奪了他
們東西似的那樣仇恨我們，而凡被我們說服的人，會像從我們這裡受了什麼恩惠似地那樣

愛戴我們。因此，凡有運用理智的修養的人是不會使用暴力的，因為只有那些具有蠻力而
11 缺乏理智修養的人才會採取這樣的行徑。此外，凡敢於使用暴力的人，一定需要不少的黨羽，但那些能夠以說服取勝的人就不需要這些，因為即使單剩下他一個人，他仍然會有說服的能力；這樣的人是絕不會流血的，因為既然能夠利用說服的辦法使人順從，誰還會要把人置於死地呢？

12 指控者說：「但是，克里提亞斯和阿爾克比阿底斯在和蘇格拉底交遊之後，使國家蒙受了大量的禍害；克里提亞斯是組成寡頭政治的成員中最貪婪和最強暴的人，而阿爾克比
13 阿底斯則是民主政治中最放縱、最傲慢、最強橫的人。」關於這兩人對於國家所造成的禍害我並不要為他們辯解；我只要述說一下他們和蘇格拉底親近的經過。這兩個人生來就是
14 所有雅典人中最野心勃勃的人，總是希望一切事按照他們的辦法進行，使他們自己成為所有人當中最有名望的人。但是他們知道，蘇格拉底是一個能以微薄的收入而生活得最滿意的人，他對各種享樂都能下最克制的工夫，他能隨心所欲地用他的論證對待所有和他交談
15 的人。情況既然如此，而他們又是我在上面所述的那樣的人，誰又能夠肯定，他們和蘇格拉底交遊的動機，是為了想要度蘇格拉底那樣的生活並實踐像他那樣的節制，而不是出於
16 這樣的願望，即如果他們和他交遊，他們將會成為精於言談和行動的人物呢？其實，我自己的意見是，如果神明讓他們在一輩子度蘇格拉底那樣的生活或死亡之間作一抉擇的話，

他們是會寧願選擇死亡也不願度蘇格拉底那樣生活的。因為當他們一認為自己高過他們的
同伴的時候，他們就立刻離開蘇格拉底，從事政治生活，實現他們和蘇格拉底結交的目
的。

17 也許在這裡有人會說，蘇格拉底在教授他的門人政治以前，應當先教他們自制。對於
這一說法我目前暫不作答覆，但據我看，所有的教師都是以他們自己實踐他們的訓言的程
18 度來做他們的學生的榜樣，並通過告誡來激勵他們的。我知道蘇格拉底是以自己的光榮的
人格和高尚的品質做那些與他交遊之人的榜樣的，他還就德行和與人類有關的其他題目進
行了可欽可佩的演講。我也知道，這些人在和蘇格拉底交遊期間都是實行自制的，並不是
因為他們害怕受他的處罰或責打，而是由於他們當時深信，這種行為是最好的行為。

19 也許有許多自稱為熱愛知識的人[4]會說，一個人一度是公正的以後，不可能再變成不
公正的；或者一度是謹慎的人以後，不可能再度變成不謹慎的；任何人在受了教育獲得知
識以後，不可能再變成無知的。但對於這一類的事我的意見並非如此；照我看，凡不鍛鍊
身體的人，就不能執行身體所應執行的任務，同樣，凡不鍛鍊心靈的人，也不可能執行

---

4. **J.S. Watson** 在他的英譯本裡譯為「哲學家」，但按原文這裡並不是一個名詞，而是一個不定式動詞，因此我以為譯成「熱愛知識的人」似與原意比較貼合。——譯者

20 心靈所應執行的任務，這樣的人既不能做他們所應當做的，也不能抑制住自己不做他們所不應當做的。正因如此，儘管做兒子的具有善良的品質，做父親的還是制止他們與壞人交往，因為他們深信，與善人交往是對於德行的一種操練，但與壞人交往卻會敗壞德行。一位詩人也對這一真理作了見證，他說：

「跟好人在一起你會學會好的事情；但如與壞人廝混，你就要喪失你的辨識力[5]。」

另一位詩人還說：

「一個好人在一個時候是好而在另一個時候卻是壞的。」

21 我也同意他們的看法；因為照我看來，正如人們不反覆背誦就會把韻文忘掉一樣，玩

5. 這是一首哀歌中的對句，引自鼎盛期約西元前五三〇年的梅格拉格言詩人賽阿格尼斯的著作。——譯者。

忽訓言的人也會把他們所受的教訓忘卻。當一個人忘掉道德的訓誡的時候，他也就會忘掉
心靈在追求德行時候的感受；而當他忘掉了這一點的時候，他忽略自制也就不足為奇了。
22 我還看到，那些耽於飲酒和陷溺於愛情中的人們，對於照料自己所應當做的事和約束自
己不做那些不當做的事就都不如從前了；有許多人在他們身陷愛情中以前在開支方面很
節儉，在他們陷溺愛情中以後就不能繼續這樣了；當他們耗盡了他們的資財的時候，對於
23 那些他們從前由於認為不光彩因而不屑做的謀求財利的方法，就再也不能約束自己不去做
了。因此，一個人一度能夠自制，以後可以喪失這種自制力，一度能夠行正義，以後可以
變得不能行正義，怎麼會是不可能的呢？依我看來，每一件光榮和善良的事情都是靠操練
而維持的，自制也並不例外；因為和人的靈魂一齊栽植在身體裡的欲念，經常在刺激它，
要它放棄自制，以便盡早地在身體裡滿足慾念的要求。

24 當克里提亞斯和阿爾克比阿底斯同蘇格拉底交遊的時候，借助於蘇格拉底的榜樣，他們是能夠控制住自己的不道德的傾向的；但當他們離開了蘇格拉底，克里提亞斯逃到賽塔利阿，在那裡和一些不行正義而一味欺詐的人結交；阿爾克比阿底斯也由於他的美貌，受到許多婦女的追求，甚至是一些門第高貴的婦女們的追求，又因他在城邦和同盟國中有勢力，還受到許多善於諂媚的人的勾引和敗壞，再加上人民都尊敬他，使他很容易在眾人中取得優越的地位，正如體育運動中那些摔跤的人，由於感到自己比別人強就疏忽了鍛鍊一

25 樣，同樣，他也忽略了自制。他們既然這樣幸運，又有高貴的出身可引以自豪，財富使他
們洋洋得意，權力使他們不可一世，許多不好的朋友敗壞了他們的德行，這一切都使他們
在道德上破產，加以長時期不和蘇格拉底在一起，他們變得倔強任性又有什麼可怪呢？如
26 果他們做了錯事，難道指控者就應該責怪蘇格拉底嗎？當他們年輕、非常輕率而不受約束
的時候，蘇格拉底使他們變得謹慎起來，這對指控者來說，難道蘇格拉底就絲毫也不值得
27 稱道嗎？然而人們對於別樣事情並不是這樣判斷的；有哪一個奏笛者，或豎琴教師，或其
他老師，教出了有本領的學生以後，這些學生又轉而跟其他老師學習，以致在技巧方面變
得不那麼熟練，會因為這種退化而受到責備呢？有哪一個父親，會因為他的兒子在和一個
人交往而變成有德之人以後，又因跟另一個人交往而變成不道德的人，反而責怪這兩個人
中的第一個人呢？難道他不是因為兒子和第二個交往變壞了，反而更加稱道第一個人嗎？
即使做父母的本身，如果他們自己品行端正，他們的兒子和他們在一起的時候做了什麼壞
28 事，他們也不會因此而受責備。以同樣的態度來判斷蘇格拉底才是正確的；如果他自己做
了什麼不道德的事，把他認為壞人就是正當的；但如果他一貫遵行道德，他又怎麼能因別
人的罪行而合理地負咎呢？

29 或者雖然他自己沒有做壞事，但當他看到別人做壞事的時候他稱道了他們，譴責他也
就是正當的了。但當蘇格拉底知道了克里提亞斯迷戀尤蘇戴莫斯，像那些為了淫蕩目的而

摧殘別人人身的人一樣，為了貪圖享受而追求和他在一起的時候，蘇格拉底勸戒他不可這樣存心，他向他所鍾愛的人哀哀乞憐（他還指望受到這個人的崇敬），像一個乞丐那樣懇切哀求他的恩允，尤其是這樣的恩允並不是為一個正當的目的，這種行徑是粗鄙的，是和一個有光榮和正義感的人不相稱的。但由於克里提亞斯不理睬這樣的忠告，也不肯轉離
30 他追求的目標，據說蘇格拉底曾經當著尤蘇戴莫斯和許多別的人的面說了這樣的話：在他看來，克里提亞斯的心情就和一隻豬的心情一樣，他想和尤蘇戴莫斯磨擦就像一隻豬對著石頭磨擦一樣，因此，克里提亞斯對蘇格拉底非常懷恨，當他成了三十僭主之一，和哈利
31 克里斯一道被指定為立法者的時候，他回想起這樁不愉快的事情，就在他的律法裡加入了「不許任何人講授講演術」[6]一條，想對蘇格拉底加以侮辱，但他並不知道怎樣可以特別加害於蘇格拉底，只是把群眾指責一般哲學家的話歸在蘇格拉底的身上，藉以在人民面前毀謗他；至少這是我個人的看法，因為我並沒有親自聽到蘇格拉底說過這樣的話，也不記
32 得聽過別人說聽他說過這樣的話。但事實證明了確實是這個情況：因為當三十僭主殺害了

---

6. 原文*λόγων τέχνην*, J.S. Watson 譯作 the art of disputation, Sarah Fielding 譯作 philosophy，按*λόγος*一字，意義很廣，並不專指辯論或哲學，似以譯為「講演術」比較恰當。克里提亞斯把這條律法的範圍定得很寬，可以把蘇格拉底的任何講話都包括在內。——譯者

城中的許多人（他們都不是下等人），並慫恿許多人幹壞事的時候，蘇格拉底曾說過大致這樣的話：他所感到驚異的是，當一個負責牧養牲畜的人，他所牧養的牲畜越來越少，情況越來越壞的時候，這個人毫不承認自己是個壞的牧者；更令他驚異的是，一個人做了一城邦的首長，弄得人民越來越少，而且情況越來越壞，這個人毫不自覺羞愧，認識到自己
33 是一個壞的首長。這一段話被傳到三十僭主那裡，克里提亞斯和哈利克里斯就把蘇格拉底召到他們跟前，把律法指給他看，禁止他和青年人講論。蘇格拉底問他們是不是可以就他
34 對禁令所不明白的事向他們質問。他們准許了他。他說，「既然如此，我是準備遵守律法的，但為了不使我由於無知，無意中觸犯律法起見，我希望能夠清楚地知道，你們禁止講演術是因為你們認為它是被用來幫助人說正確的話的呢，還是你們認為它是被用來幫助人說不正確的話的呢？因為如果它是用來幫助人說正確話的，那就顯而易見我們就必須不說
35 正確話了；如果它是用來幫助人說不正確話的，顯而易見我們就應該努力說正確的話。」

哈利克里斯向他大發雷霆說道：「蘇格拉底，你既然是無知，我們就把一條容易懂的命令明白地告訴你，完全不許你和青年人談論。」

蘇格拉底說道：「既然這樣，為了對我是否遵守律法不致有任何疑問起見，就請你們給我規定一下，一個人到多大年紀就可以算一個青年人吧！」

哈利克里斯回答道：「只要他們還不能充當議員，只要他們還未到解事年齡，只要他

們還不到三十歲，你就不可和他們談論。」
36 蘇格拉底說，「如果我想買一件東西，一個不到三十歲的人在賣這件東西，難道我不
可以問他賣什麼價錢嗎？」
哈利克里斯回答說，「這些問題可以問，但你常問的許多問題是你明明知道事情是怎
樣的；因此，這樣的問題是不許問的。」
蘇格拉底說，「如果有一個青年人問我這樣一些問題，例如，『哈利克里斯住在哪
兒』，或者，『克里提亞斯在哪兒』，倘若我知道的話，難道我也不可以回答他嗎？」
哈利克里斯說，「你可以回答這一類的問題。」「但是，」克里提亞斯補充道，「你
37 一定不可以講論那些鞋匠、木匠、鐵匠什麼的，說實在的，因為你常常講論他們，他們現
在已經被你說爛了。」
蘇格拉底說，「這樣，我就不可以從這些人身上吸取教訓了，這就是說，不可從他們
身上吸取關於正義、敬虔等教訓了。」
「是的，我指丟斯起誓，」哈利克里斯反駁道，「你也不可以從牧者身上吸取教訓；
38 否則的話，你得小心你自己也會使牲畜變得少起來。」從這裡可以清楚地看出來，他們對
蘇格拉底生氣是因為他所講關於牲畜的那些話已經傳到他們耳中。
39 克里提亞斯怎樣對待蘇格拉底，他們彼此間的態度如何，都已經講過了。但我現在要

指出的是：任何一個人，如果他不喜歡他的教師的話，就不可能從他受到真正的教育。克里提亞斯和阿爾克比阿底斯跟蘇格拉底交遊，在他們的交遊期間，他們並不喜歡他們的教師，而是從一開始起，他們就渴想在城邦裡居領導地位；因為，當他們還伴隨著蘇格拉底
40 的時候，他們就非常歡喜和那些管理政治事務的人們交談，據說，阿爾克比阿底斯在二十歲以前，就曾和他的監護人兼國家元首伯里克里斯[7]就律法問題作如下的談話。

41 他說，「請問，伯里克里斯，你能指教我什麼叫作律法嗎？」

「當然，」伯里克里斯回答。

阿爾克比阿底斯說道，「那麼，奉眾神的名，請你指教我吧！我聽有人因遵循律法
42 而受到讚揚，但我以為若是一個人不知道什麼是律法，他就不可能公正地受到這樣的讚揚。」

「你要知道律法是什麼，並不是一件很難的事，」伯里克里斯回答說，「凡是人民集會通過而制定的章程都是律法，它們指導我們什麼是應該做的和什麼是不應該做的。」

「它們指導我們應當做好事呢，還是應當做壞事呢？」

---

7. 伯里克里斯（西元前四九五？—前四二九），雅典政治家和將軍。——譯者

43 「我對丟斯起誓，當然是好事，我的孩子，」他說，「絕不是壞事。」

「如果聚集在一起制定我們應該做什麼的並不是全體人民，而是少數人，例如一個寡頭政治，這樣的條例是什麼呢？」

「國家的最高權力為決定人民應當做的事而制定的一切條例都是律法，」伯里克里斯回答。

「如果一個掌握國家政權的僭主，規定了人民所應該做的事，這樣的規定是不是律法呢？」

「無論一個掌權的僭主所規定的是什麼，」伯里克里斯回答道，「他所規定的也叫作律法。」

44 阿爾克比阿底斯問道，「那麼，伯里克里斯，什麼是暴力和不法呢？當強者不是用說服的方法而是用強迫的方法威脅弱者去做他所喜歡的事的時候，這豈不就是暴力和不法嗎？」

伯里克里斯回答道，「我看是這樣。」

「那麼，一個僭主未經取得人民的同意就制定條例強迫人民去做，這是不是就是不法的行為呢？」

「是的，」伯里克里斯說，「我看是這樣，現在我把我所說的僭主未經過說服給人民

45 制定的條例就是律法那句話收回。」

「但是，少數人未經取得多數人的同意，而憑藉他們的優越權力所制定的條例，這是暴力呢，還是不是暴力？」

伯里克里斯說，「照我看來，一個人未經另一個人的同意而強制他去做的任何事情，不管他是否用明文制定出來，都是暴力而不是律法。」

「那麼，當全體人民比富有階級強大的時候，他們未經富有階級的同意而制定的條例，也都是暴力而不是律法？」

46 「的確是這樣，阿爾克比阿底斯，」伯里克里斯說，「當我像你這樣大年紀的時候，對於這一類的討論也很擅長，因為我們像你現在一樣，也研究並討論這一類問題。」阿爾克比阿底斯說道，「伯里克里斯，要是我能夠在你擅長這些問題的時候和你討論該是多麼
47 好啊！」

所以，當阿爾克比阿底斯和克里提亞斯認為他們自己比那些在國家裡執政掌權的人還強的時候，他們立即不再到蘇格拉底那裡去（因為在其他方面他也不如他們的意，如果他們到他那裡去，他們常因為他們的過失受到蘇格拉底的責備而感到惱火），卻去從事政治

48 生活，因為原先他們和蘇格拉底交遊正是為了這個目的。但克里同[8]也是個聽蘇格拉底講
學的人，其他還有哈賴豐、哈賴克拉泰斯、海爾莫蓋尼斯、西米阿斯、開貝斯和費東達斯
等人，他們聽蘇格拉底講學並不是為了做雄辯家或律師，而是為了做光榮可尊敬的好人，
能夠對他們的家庭、親屬、僕從、朋友以及他們的國家與同胞行事端正、無可指責。這些
49 人中沒有一個，無論是在青年時期或較老時期，做過壞事或受過人們的指責。指控者說，
「但是蘇格拉底至少教導兒童輕視他們的父親，使他的從者們相信，他們比自己的父母更
聰明，他說，按照律法，只要兒子能證明父親患有瘋癲病，就可以把父親拘禁起來，他利
用這種情況來論證一個比較無知的人受一個比較聰明的人拘禁是合法的。」但蘇格拉底所
50 說的是，在他看來，為了無知而把別人拘禁起來的人，也可以很正當地被那些知道他所不
知道的人拘禁起來，關於這一類事情，他常考慮無知與瘋癲有什麼不同；在他看來，把患
瘋癲的人拘禁起來，對他們自己和他們的朋友都有好處，但那些不知道應當知道的事情的
人就應當好好地跟那些知道的人學習。

51 指控者接著又說，「但蘇格拉底不僅使他的門人輕視他們的父母，同時他也使他們輕

8. 克里同，雅典富翁，據說他因羨慕蘇格拉底的才智，離開了自己的鋪子而受教於他的門下，後來成了蘇格拉底的一個忠實的門人。——譯者

看別的親屬，說親屬關係對於那些有病的人或進行訴訟的人並沒有益處，倒是醫生對於前
52 者有幫助而律師對於後者有幫助。」指控者還斷言，蘇格拉底關於朋友說過這樣的話，
除非朋友們能相互幫助，否則他們的友誼是沒有益處的；他還主張，只有那些知道什麼事
對別人有好處而且能夠使人們理解這一點的人才配受尊敬；這樣，他就使青年人相信他自
己是人類中最聰明的人，並且也是最能使別人聰明的人，他使他的門人對他具有這樣的心
情：別的人和蘇格拉底本人比較起來，他們看來都是沒有價值的。的確，我知道，關於父
53 母、別的親屬和朋友，他曾經這樣談論過；此外，他還常說，當靈魂（才智只存在於靈魂
中）離開人的身體的時候，人們就把他們最親愛的親人的身體送去殯葬，使它儘快地離開
54 自己眼前。他還常說，每一個人，當他活著的時候，總是親自把他所最愛的身體裡的無用
的和無益的東西去掉，也讓別人把它們去掉；人們總是親自把身上的指甲、毛髮和繭皮去
掉，並且忍受辛苦和疼痛讓外科醫生把它們割下焚毀，人們還自以為有義務付給他們手術
費；他又說，人總是把口中的唾液向盡可能遠的地方吐去，因為當唾液留在口中的時候對
他們並沒有用處，倒很可能對他們有害處。但蘇格拉底說這些話，並不是要他的門人把自
55 己的父親活活地埋葬掉，或者把自己的身體分成碎塊，而是要向他們證明，凡是無意識的
東西就是無價值的，他勸勉各人要努力盡可能地使自己成為聰明有用的人，無論他所希望
的是否受到父親兄弟或別人的器重，他總不可因信賴親屬而忽略培養自己，而是應當努力

56 使自己對於那些他所希望器重的人有所裨益。

指控者還說，蘇格拉底挑選了著名詩人的最壞的詩句，用它們作為證據，來教導他的門人做無賴漢和暴君，例如，赫西阿德斯[9]的詩句：

「做工不是恥辱，閑懶才是恥辱。」[10]

57 他們說他把這句詩解釋成彷彿詩人是在勸導人們無論什麼樣的事都可以做，不正義也沒關係，不光彩也沒關係，只要有利可圖就行。雖然蘇格拉底完全同意，做一個忙碌的工人對人來說，是一件有益處的好事，閒著什麼事不做，對人來說，乃是一樁有毒害的壞事——的確，做工就是善，閒懶就是惡——；但他同時也說過，只有那些做好事情的人才是真正地在工作，才是真正有用處的工人。他把那些從事賭博或做壞的、有害的事的人稱作閒懶的人；按這種意義來說，詩人的詩句就無可非議了：

---

9. 赫西阿德斯，又譯赫西阿德，是希臘著名詩人，與荷馬同時（一說在荷馬以後約一〇〇年），其作品有《工作和日子》、《神統記》等流傳於世。——譯者

10. 載《工作和日子》，第一卷，第三一一句。——譯者

「做工不是恥辱，閑懶才是恥辱。」

指控者還說，荷馬的一節詩也常被蘇格拉底引用，這節詩講到俄底修斯怎樣在

「遇到一個王爺或知名人物的時候，他就彬彬有禮地走到他跟前，站在旁邊，勸阻他道：『先生[11]，對您像對懦夫那樣用威嚇的口氣是不妥當的。請您自己先坐下來，然後再讓別的老百姓也坐下來吧。』……但在另一方面，當他見到一個普通人在吵嚷的時候，他就用杖打他並大聲申斥他說，『你這個傢伙，安安靜靜地坐下來，聽聽別人的勸告吧，他們比你強多了，不像你這個懦夫和弱者，無論是在戰場作戰，或是出謀獻策，都不中用。』」[12]

11. 這裡的「先生」和下文的「傢伙」原文都是用「δαιμόνι」，是一古雅典人談話中常用的一個詞，隨著說話者的心音和說話時的腔調，有時有尊敬之意，有時有輕蔑之意。——譯者

12. 這裡的詩句引自荷馬：《伊利亞特》第二卷第一八八—二〇三頁。——譯者

指控者說，蘇格拉底經常把這節詩解釋成好像詩人的意思是贊成責打普通人民和勞動
59 者。但蘇格拉底並沒有說過這樣的話，因為如果那樣，那他就是表示他自己應該挨打了。
但他所說的乃是那些既不能以言語又不能以行動對人有所裨益的人，不能夠在必要時為軍
60 隊、國家或人民服務的人，如果在無能之外，他們還傲慢不恭，就應當受到阻止，儘管他
們非常富有。但是，和控告者的指控相反，蘇格拉底顯然是普通人民的朋友，而且是熱愛
人類的人；儘管他接待了許多希望聽他講學的人，其中有本國公民也有外國人，但他從來
沒有因為講學而向任何人索取過報酬，而是以其豐富的學識毫不吝惜地向所有的人施教。
有些人不費分文，從他學得了一點皮毛，竟以高價轉而販售給別人，並且不像他那樣做普
61 通人民的朋友，而是對凡沒有錢給他們的人，他們就拒絕與他們交談。但蘇格拉底在其和
別人的交往中對他本國所作出的貢獻比因其對拉開代莫尼人[13.]的貢獻而享盛名的李哈斯要
多得多。的確，李哈斯在兒童歡舞節[14.]款待了那些到拉開代莫尼來的外鄉客旅，但蘇格拉
底則是耗盡了他畢生的精力最大限度地嘉惠了那些願意領受他的教益的人們，他使那些從

---

13. 即斯巴達人。——譯者

14. 兒童歡舞節是斯巴達的一個一年一度的節日，在每年夏令舉行，據猶西比烏斯的記載，是為紀念那些在蘇利阿之役和阿爾格人作戰陣亡的斯巴達人而設立的。——譯者

他遊學的人在和他分手的時候都成了更好的人。

62 因此，在我看來，像蘇格拉底這樣品格的人似乎應該受到國家的尊崇而不應被處死；任何一個按律法考慮他的案情的人一定會看出這種情況來：按照律法，很明顯，被證明犯偷竊、強盜、扒手、夜盜、綁架或盜竊神物的人才應受死刑處分，對於這一切的罪，沒有比蘇格拉底更清白的人了。

63 他從來沒有作過引起戰爭的禍首，使國家因他蒙受損失，也沒有犯過作亂、謀反的罪，在他和人的私人往來中也從來沒有做過損人利己或陷人於不義的事，在這一切罪中他連一點嫌疑也沒有沾著過。

64 既然如此，他怎麼會犯所指控的罪呢？他不僅沒有像起訴書所指控的不尊敬諸神，而且明顯地比別人更崇敬諸神；不僅沒有像控告他的人所指責的那樣敗壞青年，還誘導了他的門人中那些有犯罪傾向的人停止了罪行，勸勉他們追求那最光榮最美好的德行，正是藉著這種德行，人們才能治國齊家。遵循這樣一種立身處世之道的人，難道不應受到城邦的最大的尊敬嗎？

第三章

前兩章所述蘇格拉底的品格的確證：他敬拜諸神並勸勉別人敬拜他們，第一節。他的關於應當如何祈求神的見解，第二節。他的關於如何向神獻祭才能蒙神悅納的見解，第三節。他重視預兆，第四節。他實踐自制並勸勉別人實踐，第五—十五節。

1

為了證明，在我看來，蘇格拉底如何通過他自己的為人以及他對那些和他交遊的人們的談話而使他們獲得益處，我將把我所記得的關於這方面的事情，儘量記錄下來。

在他和神明的關係方面：他的言行顯然是和在亞波羅神廟的女祭司對那些求問應如何祭神以及如何敬拜祖先的人所作的回答是完全符合一致的；因為女祭司的回答是：按照城邦的風俗行事就是虔敬。蘇格拉底不僅自己這樣做了，而且還勸導了別人也這樣做；他認為，那些按照另一種方式做事的人，都是輕舉妄動，或者愚而自用。

2 當他向神祈禱的時候，他只求神把好的東西賜給他，因為什麼東西是好的只有神知道得最清楚。他認為，那些向神祈求金、銀、統治權或任何一類東西的人，就和求神使他能夠擲骰子，打仗或其他任何結果如何尚未可知的事一樣。

3 當他根據他的微薄的收入向神獻上少量的祭物的時候，他認為自己所獻的，一點也不在那些由於收入豐富而向神獻上大量豐盛祭品的人之下。因他認為神不會只喜歡大的祭物而不喜歡小的祭物；如果是這樣的話，那麼，惡人所獻的就反倒會比善人所獻的更蒙神悅納了；如果惡人的祭物反倒比善人所獻的祭物更蒙神的悅納，對人來說，人生就沒有什麼價值了。他認為神所最喜歡的乃是最敬虔的人的祭物。他常以贊許的心情引用如下的詩句：

「按照自己的力量獻祭給神聖的不朽的神明。」[1]

他還常說這句詩是對人的一個很好的忠告：無論是對朋友，對客旅或在人生的其他關係上，都**應量力行事**。

---

1. 赫西阿德斯：《工作和日子》第一卷第三三六句。——譯者

4 當他認為神明指示他做什麼事的時候，正如他不會放下明眼人和識路人的話不聽而去讓瞎子和不識路的人指引他一樣，他也絕不會聽從任何人的勸告而不顧神明所指示他的事情。當別人因顧慮人的譴責而不照神所指示他們的去做的時候，他總是斥責他們的愚昧。至於他自己，他認為所有人的意見，和神的勸告比較起來，都是不值得重視的。

5 他所採取的生活方式都是為了鍛鍊自己的心靈和身體，使得在沒有意外遭遇的情況下[2]，能夠愉快而安全地生活，而且對於必要的開支不致匱乏。他生活得非常儉樸，我想，任何人，不管他的工作多麼少，他的收入也不會不夠滿足蘇格拉底的需要。他用食物也以自己能夠愉快地欣賞的量為限，因而當他準備好進餐的時候，他的食慾本身就成了最
6 好的調味品。任何一種飲料對他都合適，因為他只在渴的時候才進飲。當他接受人的邀請赴宴會的時候，他能夠很容易地謹防飲食過度，這對大多數人來說是很難做到的事。對於
7 那些不能夠這樣做的人，他就勸他們在不餓的時候要慎戒勿吃，在不渴的時候要慎戒勿喝，因為他說，這一類的事會使人的胃口、頭腦和心靈失常。他常開玩笑地說，他認為克

2. 原文為「沒有神的干預的情況下」。——譯者

爾凱正是藉著大擺筵席才把人變成為豬的[3]，但俄底修斯由於聽了赫爾米斯的忠告，自我
8 克制，不吃這類美食的緣故，他就沒有被變成豬。關於這一類事情，他總是這樣邊開玩笑邊認真地說的。

關於色情，他勸人要嚴格禁戒和容貌俊美的人親暱；他說，一旦和這樣的人火熱起來，再想嚴格控制住自己就很不容易了。有一次他聽到克里同的兒子克里托布洛斯吻了阿爾克比阿底斯的美貌的兒子的時候，他就當克里托布洛斯的面，問色諾芬道：「色諾芬，
9 你不是認為克里托布洛斯是一個有節制的人而不是一個魯莽的人，是一個謹慎的人而不是一個無知輕率的人嗎？」

「當然，」色諾芬回答。

「可是，現在你就得認他為一個魯莽滅裂、大膽妄為的人了，一個甚至連刀劍也敢於闖入，連火坑也敢於跳進的人了。」

10 「你究竟看見他做了什麼事，竟對他抱有這樣壞的意見呢？」色諾芬問道。

---

3. 克爾凱是個女巫，她用巫術把俄底修斯的同伴們變成了豬，事出荷馬詩，參看付東華譯《奧德賽》，第二五八—二五九頁，商務印書館一九三四年版（該書似係根據英文「Circe」音，將Κίρκη譯為「塞棲」）。——譯者

「怎麼，」蘇格拉底回答道，「難道他不是膽大妄為，竟敢於向阿爾克比阿底斯的那個容貌極其俊美、正當青春力壯的兒子接吻嗎？」

「可是，」色諾芬說道，「如果這樣的行為也叫作大膽冒險的話，那麼，我想連我也
11 可以冒險一下了。」

「你這個可憐的人兒，」蘇格拉底說道，「你知道和一個美男子接吻會帶來什麼後果嗎？難道不知道你會立刻喪失自由而變成一個奴隸？會花費很多金錢在有害的娛樂上？會被許多事所糾纏而不能把精力用在高尚和善良的事上？甚至還會追求那些連瘋子都不屑做的事？」

12 「我的赫拉克雷士，」[4]色諾芬喊道，「你把一吻說得有多麼可怕的力量啊！」

「你以為這為奇怪嗎？」蘇格拉底反問道，「難道你不知道毒蜘蛛（φαλάγγια）[5]雖然不到半寸大，只要它把嘴貼在人身上，就會使人感到極大痛苦而失去知覺嗎？」

「當然，」色諾芬說道，「因為毒蜘蛛咬的時候把一種東西注射到人體裡面。」

---

4. 赫拉克雷士，希臘神話中的大力士。這裡原文為「Ὦ Ἡράκλεις」（哦！赫拉克雷士）是一種表示驚歎的說法，約略相當於中文的「我的天啊！」——譯者

5. 產於義大利的一種毒蜘蛛。——譯者

13 「你這個傻子，」蘇格拉底說道，「難道你以為因為你沒有看見，美人兒在接吻的時候就沒有把一種東西注射到人裡面去嗎？難道你不知道人們所稱之為『青春美貌』的這種動物比毒蜘蛛還可怕得多？因為毒蜘蛛只是在接觸的時候才把一種東西注射到人體裡來，但這種動物不需要接觸，只要人看他一眼，甚至從很遠的地方看他一眼，他就會把一種使人如癡如狂的東西注射到人裡面來嗎？人們把愛情稱作射手，可能正是因為這個緣故，美人兒可以從很遠的地方使人受傷。但我勸你，色諾芬，當你一看到一個美人兒的時候，趕快拼命跑開。啊，克里托布洛斯，我勸你離開這裡一年，在這一段期間也許你的創傷可以獲得痊癒，甚至能不能痊癒還不一定哩！」

14 就這樣，在色慾的享受方面，他認為那些不能堅決控制色慾的人應該把這一類慾望的滿足只限於在身體迫切需要的情況下心靈予以同意，而且這種需要也不致引起損害的時候。至於他本人，他對於這一類事情是非常有操守的，即使對於最青春貌美的人，他也能泰然自若，不為所動；而在別人，則即使對於最醜陋、最其貌不揚的人，也難免有所動心。

15 這就是他對於飲食、色慾的感情狀態；他相信自己由於這樣能自我節制，並不比那些費心勞力追求滿足這些慾望的人所享受得更少，而且還少受了許多焦思勞形之苦。

第四章

蘇格拉底不僅勸勉人們敦厚德行，而且還引導他們實踐德行；他和阿里斯托底莫斯的對話，第一—二節。為了一定目的而製作出來的事物必不是偶然性的產物，而是理性的產物，第三—四節。人的身體有一種非常美好的和它的目的極相吻合的結構；因此，我們不得不認為人是神的預想的對象，第五—七節。宇宙間事物的秩然有序，表明它是超自然造化的產物，第八—九節。人對於較低級動物的優越性，證明人是更為直接地在天上神明的照顧之下，第十—十四節。神明還教導人怎樣為人，第十五節。從各種不同的考慮可以看出神明既關心個人，也關懷人類集體，第十五—十六節。正如精神統治著身體，同樣，神明的造化也統治著宇宙，第十七節。因此，如果人們正確地崇拜神明，他們就可以確信神明一定會樂於幫助他們，第十八—十九節。

1 但是，如果任何人認為，蘇格拉底是像那些單憑臆測論斷他的人們所說的那樣；雖然對指導人敦品篤行非常有本領，但卻不能帶領他們在德行中前進，就讓他們考慮一下，他駁斥那些自以為知道一切的人所用的論證；他向他們提出來和他們辯難的問題，以及他日常對那些和他交遊的人們所作的談話吧，讓他們決定一下他是否能夠使那些和他交談的

2 人變得更好一些。我首先要提一提我有一次親自聽到他對那綽號小人物的阿里斯托底莫斯所講關於神明的事。蘇格拉底曾聽說阿里斯托底莫斯無論做什麼事，既不向神明獻祭，也不[1]從事占卜，反而譏笑那些做這類事情的人。蘇格拉底對他說道：「阿里斯托底莫斯，請告訴我，你是不是對任何有智慧的人都欽佩他們呢？」

「當然，」他回答說。

「那麼，把他們的名字說給我們聽聽吧，」蘇格拉底說道。

---

1. 婁卜古典叢書（Loeb classic）的希臘文在這裡有放在括弧裡的（εὐχόμενον δῆλον ὄντα οὔτε）（明顯地祈求也不）幾個字，該書編者注明這些字不見於手抄本，而是根據莎草紙碎片加進去的。R.D.C.Robbins 的注釋本，則僅有〔οὔτε εὐχόμενον〕字樣，並注明括弧內字「許多版本都沒有，恐係偽作」。這裡的中譯文是以 Josiah Renick Smith 的注釋本希臘文為根據。——譯者

3 「在敘事詩方面，我最欽佩的是荷馬；在頌讚詩方面，最欽佩的是梅蘭尼匹底斯[2]；在悲劇方面，是索弗克雷斯[3]；在雕刻方面，是帕如克利托斯[4]；在繪畫方面，是瑣克西斯[5]。」

「在你看來，是那些塑造沒有感覺、不能行動的形象的人更值得欽佩呢，還是那些塑
4 造有感覺和有生命力的活物形象的人更值得欽佩呢？」

「我指宙斯神起誓，是那些塑造活物形象的人，因為活物形象不是偶然造出來的，而是憑智力造出來的。」

「關於那些不能確定為什麼目的而存在的事物，和那些顯然為了有益的目的而存在的事物，你說哪一個是偶然造出來的，哪一個是憑智力造出來的呢？」

「毫無疑問，那些為了有益的目的而存在的事物必然是智力的產物。」

「那麼，在你看來，最初造人的那位，豈不是為了有益的目的而把那些使人認識不同

---

2. 美洛斯島的抒情詩人。——譯者
3. 雅典著名的悲劇詩人（西元前四九五—前四〇六年）。——譯者
4. 西錫昂的雕刻家，鼎盛期約為西元前四三〇年，以其所雕運動員像而著名。——譯者
5. 義大利南部赫拉克利亞的繪畫家，鼎盛期約與前者同時。——譯者

5 事物的才能賦予人：賦予人眼睛，使他可以看到一切事物，賦予人耳朵，使他可以聽到一
切聲音嗎？如果沒有給我們鼻子，氣味有什麼用處？如果不是在嘴裡造了一個可以知覺
6 甜、苦和其他一切適口的滋味的舌頭，又怎能對這一切有所知覺呢？除了這些以外，由
於眼睛是柔弱的，還造了眼瞼來保護它；眼瞼就好像門戶一樣，當需要看東西的時候就打
開，睡覺的時候就關閉，你看這不是好像有預見之明一樣嗎？造睫毛長起來像屏風一樣，
不讓風來損害它；在眼上邊造眉毛當遮簷，不讓汗珠從頭上滴下來使它感到難受；使耳朵
能夠接受各色各樣的聲音，但卻不被它們所充塞；使所有生物的門齒都適於咬嚼，然後
臼齒又從它們把食物接過來磨碎；把生物賴以取得它們所喜愛的食物的嘴巴放在靠近眼
和鼻子的地方；而由於所排泄出來的東西是討人厭的，就使腸道盡可能通向遠離五官的地
方——事物的安排是如此顯然地有預見性，它們是出於偶然或計畫，你難道還能有所懷疑
嗎？」
7 「當然不能，」阿里斯托底莫斯回答道，「當我以這樣的眼光來觀察它們的時候，它
們的確很像是由一個聰明仁愛的創造者造出來的。」
「還有，把生育子女的自然願望放在生物裡面，使母親有哺育嬰兒的願望，使子女有
極其強烈的求生的願望和極其強烈的怕死的心情，對於這些，你是怎樣看的呢？」
「毫無疑問，這些也像是由於一位願意萬物都生存下去的所特意設計的結果。」

8 「你想你自己也有一些智慧嗎？」

「你問吧，我會回答的。」

「你能以為別處就沒有智慧嗎？你知道塵土是極多的，而在你的身體裡所有的只不過是一點，水是浩瀚的，而你的身體裡也只有一點，你的身體的構造也只能使你從其他無量數的元素中每樣接受一點，你能夠以為自己非常幸運地把天下的智慧盡皆攫為己有，而這個廣漠無垠，無限無量的事物的會合，竟是由於某種沒有理智的東西維繫著的嗎？」

9 「的確如此；因為我看不見這些事物的指揮者，但世上事物的創造者我卻是看得見的。」

「可是，指揮你身體的靈魂，你也是看不見啊，依據同樣的推理，你也可以說，你做任何事都沒有計畫，一切完全出於偶然了。」

10 「但是，蘇格拉底，」阿里斯托底莫斯說道，「我並不是輕看神明，不過我以為它們都非常崇高，無須我對之加以注意罷了。」

「不過，」蘇格拉底說道，「既然它們肯垂顧你，那麼，它們越是崇高，就越應該受到你的尊重才是啊！」

11 「請放心吧，」阿里斯托底莫斯答道，「如果我知道神明是關懷人類的，我絕不會輕視它們的。」

「那麼，你以為神明是不關懷人類的嗎？首先，在所有生物之中，它們使得惟有人能夠直立，由於直立，就使得他能夠向前看到更遠的距離，更好地注意上面的事情並且不容易受到損害[6]。其次，神明把只能夠使身體移動的腳賦予其他匍匐行走動物，卻把雙手賦
12 予人類，由於有了手，人類就有了更大的幸福。儘管所有的動物都有舌頭，但神明卻只把人的舌頭造得有時能和嘴的這一部分接觸，有時和嘴的另一部分接觸，從而能夠發出清晰的聲音來，互相表達情意。還有，你豈沒有注意到，他們使得其他動物的性交都受到一定
13 時令的限制，惟有人類的性交一直可以繼續到老年時期嗎？而且神明並不以僅僅照顧人的身體為滿足，更要緊的，是他們在人裡面放置了一個靈魂，即他的最重要的部分。首先，有什麼別的動物的靈魂能夠理解到有使萬物秩然有序的神明存在著呢？除了人以外，有什麼其他動物向明神敬拜呢？有什麼其他動物比人有更好的靈魂能夠預防饑渴、冷熱、醫療

---

6. 在這以下J.S.Watson的英譯本有「in what the gods have placed the eyes,and ears and mouth」，這可能是根據另一種希臘原文版本。按Josiah Renick Smith 和R.D.C.Robbins 的注釋本，在這裡原文都有「Οἷς Καὶ ὄψιν καὶ ἀκοὴν καὶ στόμα ἐνεποίησαν」（由於把眼、耳和口放在其中）幾個字，但正如Robbins所指出，這樣的句子的意義是很模糊的，我在這裡是根據婁卜叢書，並將其他版本的異文注出，留供參考和進一步研究。——譯者

14 疾病、增進健康；勤苦學習，追求知識；或者能更好地把所聽到、看到或學會的東西記住呢？你豈不能很清楚地看出，人比其他動物，無論在身體或靈魂方面，都生來就無比地高貴，生活得像神明一樣嗎？因為一個生物，如果有牛的身體而沒有人的判斷力，它就不能把它所願望的付諸實踐；如果只有手而沒有理智也沒有用處；對你這樣一個這兩種美好的天賦都有的人來說，難道竟會以為神明不看顧你嗎？神明必須為你做什麼事情，才能使你認為他們是關懷著你呢？」

15 「如果他們也給我差派顧問[7]，像你所說他們差派給你的那樣，對你說，『做這，不做那』，我就一定會這樣想了。」

16 「當雅典人藉占卜求問神明的時候，神明給他們進忠告，難道你以為這些忠告不也是給你的嗎？或者當神明把兆頭給予希臘人或者給全人類，警告他們的時候，他們是把你當作惟一的例外，而全然忽視了你嗎？你以為如果神明沒有真的造福於人或加害於人的能力，他們會在人的心中產生對他們的這種信念嗎？而且，如果人是這樣永恆地受了欺騙，他們也總不會覺察到嗎？你難道看不出最古老的和最明智的人類社會，最古老的和最明智

---

7. 「顧問」原文為συμβούλους，阿里斯托底莫斯在這裡大約是指蘇格拉底所說的δαιμόνιον（守護神）而言，原文帶有幾分譏諷意味。——譯者

17 的城市和國家都尊敬神明，人生中最聰明的時期就是他們最敬畏神的時候嗎？」「我的好
朋友，你應該懂得」，蘇格拉底繼續說道，「住在你身體裡面的智力[8]，既能隨意指揮你
的身體；那麼，你也就應當相信，充滿宇宙的理智，也可以隨意指揮宇宙間的一切，而不
應當認為，你的眼睛能夠看到許多斯達第昂[9]遠，而神明的眼睛卻不能立刻看到一切；或
18 者你的靈魂能夠想到在這裡的事情，或者埃及或西西里的事情，而神明卻不能同時想到一
切。如果你通過為人服務，就會發現誰肯為你服務，通過你施惠於人，就會發現誰肯施惠
於你，通過向人徵求意見，就會發現誰是聰明人，同樣，你也可用敬拜神明的方法來試試
他們，看他們會不會把那些向人隱藏著的事情告訴你，你就會發現，神明具有這樣的能力
和這樣的性情，能夠同時看到一切的事情，同時聽到一切的事情，同時存在於各處，而且
關懷萬有。」

19 由於發表了這樣一些意見，我以為蘇格拉底就使得那些和他交遊的人們不至於做出
不敬虔、不公正和不光榮的事情，不僅是當他們被人看到的時候，就是當他們獨自在一個地
方的時候也是如此，因為他們會想到，凡他們所做的一切，沒有一樣能夠逃過神明的耳目。

---

8. 原文νοῦς。——譯者

9. 斯達第昂是希臘的長度名，一斯達第昂約合一八四公尺。——譯者

第五章

勸人自制：凡缺乏自制的人，無論對於自己或別人都沒有好處，或者說，都不適當，第一—四節。不能自制就不能學會或做出任何有適當效果的事情來，第五節。蘇格拉底不僅教導人自制，而且以身作則，第六節。

1 此外，如果自制是人的一個光榮而有價值的美德，我們不妨回顧一下像以下的事情，看看蘇格拉底究竟是不是把人引上自制的道路：

「我的朋友們，當我們面臨戰爭，必須挑選一個人，藉著他的努力使我們自己得到保全並制勝敵人的時候，難道我們會挑選一個我們明明知道他不能抵抗貪食、飲酒、肉慾、
2 疲倦或睡眠的試誘的人嗎？我們怎能以為這樣的人會為我們服務或制勝我們的敵人呢？或者當我們臨終的時候，想把我們的兒子託付人照管，把我們未出嫁的女兒託付人看顧，或者託人保管我們的財產，我們難道會以為一個沒有自制能力的人值得我們信任，託他給我

們做這些事嗎？我們會把我們的羊群、我們的糧食倉庫，或者照料我們農事的任務，交託
給一個放縱無度的奴僕嗎？即使是白白送給我們，難道我們會接受這樣的一個奴僕做我們
3 的管事或採購員嗎？既然我們不願意有一個不能自制的奴僕，那麼，我們自己謹慎不做這
樣的人豈不是更重要了嗎？因為一個不能自制的人並不是損害別人而有利於自己，像一個
貪得無厭的人，掠奪別人的財物來飽足自己的私囊那樣，而是對人既有損對己更有害，的
4 確，最大的害處是不僅毀壞自己的家庭，而且還毀壞自己的身體和靈魂。就是在社會上，
如果明知一個人貪好酒食甚於和朋友的交談，喜愛嫖娼藝妓甚於交友，誰又喜歡和這樣的
人交往呢？每一個人的本分豈不就是把自制看作是一切德行的基礎，首先在自己心裡樹立
5 起一種自制的美德來嗎？有哪個不能自制的人能學會任何的好事，或者把它充分地付諸實
踐呢？有哪個做肉慾奴隸的人會不是在身體和靈魂雙方面都處於同樣惡劣的情況呢？我敢
指赫拉女神起誓，依我看來，一個自由人應當向神明祈禱，使他永遠不遇到這樣的奴僕，
而一個已經做了肉慾的奴隸的人就應當求神明使他得到好心腸的主人；因為只有這樣，這
一類的人才能得救。」
6 　以上是蘇格拉底所說的話，但他的實際行動比他的言論更好地表現了他是一個能自制
的人。因為他不僅制服了身體的私慾，而且也戰勝了與金錢有關的一切事情。他認為一個
從任何人收取金錢的人就是給自己樹立起一個主人而使自己處於極其卑鄙的奴隸地位。

第六章

蘇格拉底和安提豐的三次對話：Ⅰ.安提豐譏笑蘇格拉底的貧窮和儉樸以及他不願藉教學而收取酬金，第一－三節。蘇格拉底答覆說由於不收取酬金，他就可以自由選擇聽眾，第四－五節。說飲食清淡，服裝樸素有很多好處，第六－七節。說勤儉的人比縱慾的人的好處在於勤儉的人容易自我改進；容易向國家盡忠職守；容易獲得一般的幸福，第八－十節。Ⅱ.安提豐說蘇格拉底由於不接受酬金可能是一個正義的人，但絕不是一個明智的人，第十一－十二節。蘇格拉底說出賣智慧就是貶低智慧；獲得朋友比獲得金錢的好處更多，第十三－十四節。Ⅲ.安提豐質問蘇格拉底，為什麼他訓導別人管理政事而他自己卻不參與政事；蘇格拉底回答說訓練許多人治理國家比他一個人參與政治對於國家的貢獻更大，第十五節。

1 為了公正地對待蘇格拉底，我們也不可以不記下他和詭辯家安提豐所作的對話。有一次安提豐為了使和蘇格拉底交遊的人都離開他，他就當著他們的面對蘇格拉底說：

2 「蘇格拉底，我以為研究哲學的人應當比別人更為幸福才是，但你從哲學所收穫的果實，卻似乎顯然是屬於相反的一種。至少你所過的生活是一種使得奴隸都不會繼續和他的主人過下去的生活；你所吃喝的飲食是最粗陋的；你所著的衣服不僅是襤褸不堪，而且沒
3 冬沒夏都是一樣；你一直是既無鞋襪又無長衫；金錢這種東西，當人們在接受它的時候就會感到高興，有了它的時候就會生活得舒暢而愉快，你卻分文不取。既然傳授其他職業的師傅們都是要他們的弟子們仿效他們自己；如果你也是要和你交遊的人也效法你的話，那你就必須把自己當作是一個教授不幸的人了。」

4 對於這些話蘇格拉底答道：

「安提豐，你似乎把我的生活看得是非常不幸，以致我想你一定是寧死也不願度像我
5 這樣生活的。就讓我們來考慮一下你所認為我的生活中令你感到不愉快的是些什麼吧。是不是因為別的收取金錢報酬的人必須為他們所取得的酬金而服務，而我，由於我不取酬金，從而就沒有向我所不喜歡的人講授的義務呢？是不是你以為我的飲食沒有你的飲食那樣合乎衛生，或者沒有你的飲食那樣富於營養，你就認為不好呢？還是因為我的飲食比你的更稀罕，更昂貴，比你的飲食更難於取得呢？或者是因為你所取得的飲食對你來說更

為可口，而我為我自己所取得的食物對我來說沒有那麼可口呢？你難道不知道，愈是能夠
欣賞食物的人就愈不需要調味品，愈是能夠欣賞飲料的人就愈不忙於尋求他所沒有的飲料
6 嗎？你知道，那些更換衣服的人是因為氣候冷熱不同才更換的，穿鞋子的人是因為防止腳
上疼痛不便行路才穿的，你什麼時候看見過我因為天氣太冷而留在家裡，或因天氣過熱而
7 和人爭著乘涼，或者因為腳痛而步履艱難呢？你豈不知道，那些天生體質脆弱的人，只要
鍛鍊身體，就會在他所鍛鍊的方面強壯起來，比那些忽略鍛鍊的人更能夠輕而易舉地經
8 受住疲勞嗎？你豈不知道，像我這樣經常鍛鍊身體，準備應付對於身體可能臨到的任何考
驗的人，能夠比像你這樣不進行身體鍛鍊的人，更容易經受住一切考驗嗎？為了避做口腹
之慾、睡眠或其他情慾的奴隸，你想有什麼比把精神專注在這些更有吸引力，不僅在享用
他們的當時使我心中感到愉快，還能使我希望它會永遠給我好處的事上，更為有效的方法
嗎？你也知道這一點，那些自知一事無成的人是絕不會很高興的，但那些看到他們的農
業、他們的航海業、或者他們所從事的任何其他職業，進行得對他們很有利的人，就會好
9 像目前已經得到成功那樣地高興。但是你想，從這些滿足所得到的快樂，能夠有意識到自
己在日益更好地成長起來，獲得愈來愈多的有價值的朋友那樣快樂嗎？這些就是我所經常
意識到的快樂。」

「而且，一旦朋友或城邦需要幫助的時候，你想這兩種人中哪一種會更有時間提供幫

助，是像我這樣生活的人呢，還是你所認為那種生活在幸福中的人呢？這兩種人中哪一種人會很愉快地奔赴戰場，是那種不吃山珍海味就活不下去的人呢，還是那種隨遇而安，粗茶淡飯皆可果腹的人呢？當被圍困的時候，這兩種人中哪一種人會更早地屈服，是那種需要很難得到滿足的人呢，還是那種需要極容易滿足的人呢？」

10 「安提豐，你好像認為，幸福就在於奢華宴樂；而我則以為，能夠一無所求才是像神仙一樣，所需求的愈少也就會愈接近於神仙；神性就是完善，愈接近於神性也就是愈接近於完善。」

11 另一次，安提豐在談話中對蘇格拉底說道：

「蘇格拉底，我認為你的確是個正義的人，但你絕不是一個明智的人；我以為連你自
己也意識到這一點；你並不向和你交遊的人索取任何金錢的酬勞。然而，如果你認為你的
一件衣服，一所房子，或你所有的任何其他東西值錢的話，你就不僅不會把它白白地給予
別人，而且你所索取的代價還不會比它所值的為少。所以很顯然，如果你認為你的談論有
12 任何價值的話，你就一定也會要求人們付予適當的代價。因此，儘管你並不因有貪心而欺
騙別人，從這一點來說你是一個正義的人，但你絕不能是一個明智的人，因為你的知識是
分文不值的。」

13 對這，蘇格拉底答道：

「安提豐，我們大家都有共同的看法，對於美貌和智慧的處理，既可能是光榮的，同樣也可能是不光榮的。如果一個人把他的美貌出賣給任何願意購買的人，我們就稱他為孌童；但是，如果一個人和一個欽佩光榮和高尚事物的人做朋友我們就說他是個有見識的人；同樣，人們把一些為金錢而出賣他們的智慧的人稱作詭辯者，這也彷彿就是在說，智慧的出賣者。但是，一個人如果和他所知道是有才德的人交朋友，把自己所知道的好東西
14 都教給他，我們就認為他所做的是不愧為一個光榮而善良的公民。安提豐，正如別人所歡喜的是一匹好馬、一條狗或一隻鳥一樣，在更大的程度上我所歡喜的乃是有價值的朋友；而且，如果我知道什麼好的事情，我就傳授給他們，並把他們介紹給我所認為會使他們在德行方面有所增長的任何其他教師。賢明的古人在他們所著的書中遺留下來的寶貴的遺產，我也和他們共同研討探索，如果我們從古人的書中發現什麼好的東西，我們就把它摘錄出來，我們把能夠這樣彼此幫助看為是極大的收穫。」

對於一個聽到他說了這些話的我來說，我認為蘇格拉底不僅他本人是幸福的，而且他也把那些聽了他的話的人導向了美好和光榮的大道上來。

15 又一次，當安提豐問他，即使他懂得政治，但他自己既然不參與政事，怎能想像他會使別人成為政治家的時候，蘇格拉底答道：

「安提豐，是我獨自一人參與政事，還是我專心致志培養出盡可能多的人來參與政事，使我能夠對政治起更大的作用呢？」

第七章

勸戒人不要誇耀，凡是想要有所表現的人，就應當努力使自己真正成為他所想要表現的那樣的人。一個人自己不是那樣的人而冒充為那樣的人，一定會給自己引起麻煩和訕笑，而且還可能給國家帶來恥辱和損害。

1 讓我們再考慮一下，由於蘇格拉底勸戒他的門人不要誇耀，是不是會激勵他們追求德行。他常說：通向光榮的大道沒有比真正成為自己所希望表現的那樣好人更好的了。為了證明他所說的話正確，他採取了以下的論證方式：

2 「讓我們考慮一下，」他說，「一個本不善於吹笛的人，但他卻想表現出是一個善於吹笛的人，他必須怎麼辦。他豈不是必須在這個藝術的外表方面模仿那些善於吹笛的人嗎？首先，由於吹笛的人都穿著華美的衣服，而且無論到什麼地方都有一大群人跟著他們，他就必須也這樣做；由於善於吹笛的人都有許多人為他們喝采，他就必須也找許多人

來為他喝采；然而他總不可以試行演奏，否則的話，他會立刻顯出是一個非常可笑的人，
不僅是個惡劣的吹笛者，而且還是個狂妄的吹牛家。這樣，在花費了很大一筆資財之後，
他不僅毫無收穫，而且還要給自己帶來恥辱，使得自己的生活沉重、無用和可笑。同樣，
3 一個人本不是個好的將領或好的領港員，卻想要表現為一個好將領或好領港員，讓我們想
一想會有怎樣的情況。如果在他多方努力想表現出自己有這些能耐之後，他仍不能使人信
服，這種失敗豈不會使他感到痛苦嗎？如果他的努力幸而成功了，這種成功豈不是會給他
帶來更大的不幸嗎？因為很顯然，一個沒有必要的知識的人而被任命去駕駛一條船或帶領
一支軍隊，他只會給那些他所不願毀滅的人帶來毀滅，同時使他自己蒙受羞辱和痛苦。」

4 他還以同樣的方式證明：一個本不是富有、勇敢或有力量的人，而表現成是這樣的
人，是毫無用處的。他說，「人們把他們所不能勝任的任務加在他們身上，當他們辜負了
5 人們的期望的時候，人們對他們是不會容情的。」他稱那用說服的方法向別人借得銀錢或
財物而不肯歸還的人是個不小的騙子，但他認為最大的騙子乃是那些本來沒有資格，卻用
欺騙的方法使人相信他們有治國才能的人。

我以為通過這一類的談論，蘇格拉底就在他的門人中阻止了誇耀的風氣。

第二卷

第一章

蘇格拉底有點感覺到貪圖逸樂的阿里斯提普斯正在想在政府裡謀得一席位置，就勸告他說，自制是做一個政治家的必備的資格，第一—七節。但由於阿里斯提普斯說他只想度一種悠閒恬靜的享樂生活，蘇格拉底就提出一個問題，是治理人的人的生活更快樂呢，還是那些被治理的人的生活更快樂？第八—十節。阿里斯提普斯表示，他既不願治理人，也不願被人治理，只想享受自由。蘇格拉底告訴他，他所想得到的這種自由是和人類社會性質相矛盾的，第十一—十三節。阿里斯提普斯仍然堅持己見，並說他的志願並不是想長久留住在任何一個國家裡，而是想訪問旅居在許多國家裡，於是蘇格拉底就向他指明這種生活方式的危險性，第十四—十六節。但是，阿里斯提普斯卻進一步指責那些寧願度一種辛苦勞碌的政治生活而不願度一種舒適安逸的生活的人是愚不可及，蘇格拉底向他指明，自願勞動的人和被迫勞動的人之間的區別，並說必死的人所能享受的任何一種好處都不是不經勞動就可以獲得的，第十七—二十節。為了舉例證明他的論點，蘇格拉底敘述了普拉迪克斯的寓言，赫拉克雷斯的選擇，第二十一—二十四節。

1 從以下的談話看來，我以為蘇格拉底是勸勉那些和他交遊的人在飽食、性慾、睡眠、耐冷、耐熱和勞動等方面都要實踐自制的。當他看到有一個和他交遊的人在這些方面沒有節制的時候，他就對他說道：「請告訴我，阿里斯提普斯[1]，如果要求你負責教育我們中間的兩個青年人，使一個成為有資格統治人的人，另一個則成為絕不願意統治人的人，你將會怎樣教育每一個人呢？就讓我們從最基本的食物問題談起，好不好？」

「的確」，阿里斯提普斯回答道，「我認為食物是個很基本的問題，因為一個人如果不進食物他就活不下去。」

2 「那麼，他們兩人就都會在一定時間有進食的要求了？」

---

1. 阿里斯提普斯是非洲居蘭尼人，生長於富有家庭，從小習於享樂，慕蘇格拉底之名來到雅典跟他學習，後來成了居蘭尼學派的創始人。——譯者

3

「是的，這是很自然的事情，」阿里斯提普斯回答說。

「那麼，這兩個人中哪一個人我們應該訓練他，使他把處理緊急事務看得比進食更要緊呢？」

「毫無疑問，是那個被訓練來統治人的人，」阿里斯提普斯回答說，「否則的話，國家大事就會因他的玩忽而受到影響。」

「當兩個人都口渴的時候，」蘇格拉底繼續說道，「我們豈不是也要訓練這同一個人要有耐渴的能力嗎？」

「當然」，阿里斯提普斯回答道。

「這兩個人中哪一個我們應當使他有限制睡眠的能力，使得他能夠晚睡早起，而且如果需要的話，就不睡眠呢？」

「毫無疑問，」阿里斯提普斯回答道，「也是同一個人。」

「這兩個人中，我們應該要求哪一個人有控制性慾的能力，使他不致因性慾的影響而妨礙執行必要的任務呢？」

「也是同一個人，」阿里斯提普斯回答。

「這兩個人當中，我們應該訓練哪一個人，使他不致躲避勞動，而是很愉快地從事勞動呢？」

「這也應該是那個受訓練準備統治人的人」，阿里斯提普斯回答。

「這兩個人當中，哪一個需要有制勝敵人的知識呢？」

「毫無疑問，當然也是那個受訓練治理人的人非常需要這種知識，因為如果沒有這樣的知識，其他一切資格都將毫無用處，」阿里斯提普斯回答。

4 「那麼，在你看來，一個受了這樣訓練的人，不會像其他動物那樣容易出其不意地被敵人所制勝了？我們知道有些這樣的動物，由於貪婪而被捕；另一些，儘管很機靈，也由於貪圖吞餌而受誘；還有一些，由於濫飲而陷入羅網。」

「這也是無可爭辯的，」阿里斯提普斯回答。

「豈不是還有一些，就如鵪鶉和鷓鴣，由於它們的性慾，當它們聽到雌鳥叫喚的聲音時，因為貪圖享樂就放鬆警惕，終致於落入陷阱之中嗎？」

阿里斯提普斯對這也表示了同意。

5 「那麼，你想，一個人像那些最無知的禽獸那樣，也陷於同樣的情況，豈不是很可恥嗎？就如一個姦夫雖然明知一個犯姦淫的人有受法律所要施加的刑罰和中人埋伏、被捉、受痛打的危險，卻仍然進入婦女的閨房中去；儘管有如此多的痛苦和恥辱在等待著登徒子之流，但在另一方面也有許多方法可以使他避免肉慾的危險，而他竟甘心自投羅網，你想這豈不是有如惡鬼附身嗎？」

「我想是這樣，」阿里斯提普斯回答道。

6 「考慮到人生當中極大部分重大的實踐、戰爭、農業和許多的其他事情都是在露天中進行的，你想，竟有這麼多的人沒有受過忍耐寒冷和炎熱的訓練，豈不是重大的疏忽嗎？」

阿里斯提普斯對這也表示了同意。

「你想我們豈不是應當把那準備統治人的人訓練得能夠輕而易舉地忍受這些不方便嗎？」

「當然應該如此，」阿里斯提普斯回答。

7 「如果我們把那些能夠忍受這些事的人列為『適於統治』的一類，那我們就豈不是應當把那些不能忍受這些事的人列為甚至連要求統治的資格也沒有的一類了嗎？」

阿里斯提普斯對這也表示了同意。

「既然你知道這兩類人各屬於哪一類，那麼，你是不是考慮過應當把自己放在哪一類裡呢？」

8 「我的確已經考慮過了，」阿里斯提普斯說：「我從來也不想把自己放在那些想要統治人的人一類；因為在我看來，為自己準備必需品已經是件很大的難事，如果不以此為滿足，還想肩負起為全國人民提供一切必需品的重擔，那真是太荒唐了。自己所想要得到的

許多東西尚且弄不到手，竟還要把自己列於一個國家的領導地位，從而使自己如果不能為
9 全國人民提供必需品就要受到譴責，豈不是愚不可及嗎？因為人民[2]認為他們有權處理他們的領袖，就像我認為有權處理我的奴僕一樣，我要求我的僕人給我提供豐盛的必需品，但卻不許他們染指；人民也認為國家的領導人應該為他們儘量提供各種享受，卻不願領導人自己有任何享受，因此，任何願意為自己惹許多麻煩而同時又為別人找許多麻煩的人，我就這樣訓練他們，把他們列於『適於統治』的一類；但我把自己列於那些願儘量享受安逸和幸福的一類人之中。」

10 於是蘇格拉底問道：「讓我們考慮一下是統治人的人生活得更幸福還是被統治的人生活得更幸福，好嗎？」

「當然可以，」阿里斯提普斯回答道。

「首先從我們所知道的民族說起。在亞洲的統治者是波斯人；敘利亞人，弗呂吉亞人和呂底亞人，都是被統治者。在歐洲的統治者是斯庫泰人，被統治者是馬俄太人；在非洲，統治者是迦太基人，被統治者是利比亞人。你想這些人中哪些人生活得更幸福呢？或者就拿以你自己為一分子的希臘人來說，你想是統治集團的人生活得更幸福呢，還是被統

---

2. 原文為 αἱ πόλεις，亦可譯為國家或城邦。——譯者

治的人生活得更幸福呢？」

11 「不過，我並不是一個擁護奴隸制的人，」阿里斯提普斯回答道，「但我以為有一條我願意走在其中的中庸大道，這條道路既不通過統治，也不通過奴役，而是通過自由，這乃是一條通向幸福的光明大道。」

12 「不過，」蘇格拉底說道，「如果你所說的既不通過統治也不通過奴役的道路，也是不通過人間的道路的話，那麼，你所說的也許就值得考慮了。但是，你既然是生活在人間，而你竟認為統治人和被統治都不適當，而且還不甘心尊敬掌權的人，我想你一定會看到，強有力的人是有辦法把弱者當著奴隸來對待，叫他們無論在公共生活或私人生活中
13 都自歎命苦的。難道你能夠不知道，有些人把別人所栽種和培植起來的莊稼和樹木砍伐下來，用各式各樣的方法擾害那些不肯向他們屈服的弱者，直到他們為了避免和強者的戰爭而不得不接受他們的奴役？就是在私人生活中，難道你也沒有看到，勇而強者總是奴役那些怯而弱者並享受他們勞動的果實嗎？」

「但是，對我來說，」阿里斯提普斯回答道，「為了不遭受這樣的待遇，我並不打算把自己關閉起來做一個國家的公民，而是要到處周遊作客。」

14 「現在你所說的倒的確是一個絕妙的計策，」蘇格拉底說道，「因為自從西尼斯、斯

凱倫和帕拉克魯斯推斯[3]被殺以來，是沒有人會加害於旅客的！但是各國的執政者，現在
都頒布了保護他們自己不受損害的律法，除了那些必須聽他們呼喚的人以外，他們還結交
了一些朋友，環繞他們的城市建築堡壘，配備武器防止敵人襲擊，除了這一切以外，他們
15 還在外國尋求同盟者；但是，儘管採取了這些防禦措施，他們還是遭到了損害；而你，既
沒有這許多有利條件，花費許多時間奔走在很多人遇害的公路上；當你進入一個城市的時
候，你的力量總是沒有那個城市的居民那麼強大，很容易成為歹徒們注意而加以襲擊的對
象，難道你會認為由於自己是個客旅，就可以避免受害了嗎？有什麼事使你這樣自信呢？
難道是這些城市已經頒布了保護來往客旅的法令嗎？還是你以為沒有一個奴隸主會把你當
作是一個值得一顧的奴隸？因為誰願意把一個不愛勞動而只是一味貪圖享受最優厚待遇的
人留在家中呢？」

16 「但是，現在讓我們考慮一下，奴隸主是怎樣對待這類奴隸的呢！難道他們不是用叫他們挨餓的辦法來抑制他們的貪食嗎？用使他們無從接近的辦法使他們沒法下手偷竊嗎？為了防止他們逃跑，他們豈不是用鎖鏈把他們鎖起來嗎？豈不是用鞭撻的方法來趕走他們

---

3. 以上三人都是大盜，為泰蘇斯所殺，見普魯塔克：《泰蘇斯》c.八以下。——譯者

的懶惰嗎？你自己是怎樣作法來除掉你的家奴的這一類的缺點的呢？」

17 「我用各種方法懲罰他們，」阿里斯提普斯回答道，「一直到使他們不得不服從我。但是，蘇格拉底，你好像認為是幸福的那些受了統治術的訓練的人怎麼樣呢？他們和這些被強迫受苦的人有什麼不同，既然他們也得甘願忍受同樣的飢餓、寒冷、不眠和其他許多苦楚？因為同一皮膚，不管是自願或非自願，反正是受了鞭撻，或者簡單地說，同一身體，不管是自願或非自願，反正是受了這些苦楚，在我看來，除了自願受苦的人的愚不可及外，並沒有任何區別。」

18 「怎麼，阿里斯提普斯，」蘇格拉底問道，「難道你看不出自願受苦的人和非自願受苦的人之間有這樣的區別，即自願挨餓的人由於他挨餓是出於自己的選擇，當他願意的時候他可以隨意進食，自願受渴的人由於他受渴是出於自己的選擇，當他願意的時候就可以隨意進飲，其他自願受苦的事也是有同樣的情形，而被強迫受苦的人就沒有隨意終止受苦的自由？此外，自願的人在忍受苦楚的時候，受到美好希望的鼓舞，就如打獵的人能歡欣愉快地忍受勞累，因為他有獵獲野獸的希望。的確，這類勞苦的報酬，其價值是很小的；

19 至於那些為了獲得寶貴朋友而辛苦的人，或者是為了制勝仇敵而辛苦的人，或者為了有健全的身體和充沛的精神可以把自己的家務治理妥善，能夠對朋友有好處，對國家有貢獻而辛苦的人，難道你能夠不認為，他們是歡欣愉快地為這一切目標而辛勞，或者他們是生活得很幸福，不僅自己心安理得，而且還受到別人的讚揚和羡慕嗎？況且，怠惰和眼前的享受，正如健康運動訓練員所告訴我們的，既不能使身體有健全的體質，也不能使心靈獲得任何有價值的知識，但不屈不撓的努力終會使人建立起美好和高尚的業績來，這是好人們所告訴我們的，赫西阿德斯在某處也說過：[4]

『惡行充斥各處，俯拾即是：通向它的道路是平坦的，它也離我們很近。但不朽的神明卻把勞力流汗安放在德行的宮殿之前：通向它的道路是漫長而險阻的，而且在起頭還很崎嶇不平；但當你攀登到頂峰的時候，它就會終於容易起來，儘管在起頭它是難的。』

艾皮哈莫斯[5]在下列詩句裡也給我們作了見證：

『神明要求我們把勞動作為獲得一切美好事物的代價。』

---

4. 赫西阿德斯：《工作和日子》第一卷，二八七—二九二句（婁卜叢書注：二八五，誤）。——譯者

5. 艾皮哈莫斯是柯斯的喜劇詩人，出生於約西元六〇〇年前鼎盛於西拉庫斯。——譯者

在另一處他還說道：

『無賴們，不要留戀輕鬆的事情，免得你得到的反而是艱苦。』」

21 「明智的[6]普拉迪克斯在他的《論赫拉克雷斯》的論文裡，關於德行也表示了同樣的意見。他曾把這篇論文向成群的聽眾講述，據我所記憶的，內容大致如下：

『當赫拉克雷斯從兒童時代進入青年時代的時候，也就是說，當幼年人變為成年人，可以獨立自主，並開始考慮如何走向生活，是通過德行的途徑還是通過惡行的途徑的時候，有一次他走到一個僻靜的地方，坐下來思量在這兩條道路中他究竟應該走哪一條道路
22 才好。這時有兩個身材高大的婦女向他走來。一個是面貌俊美，舉止大方，肌膚晶瑩，眼光正派，形態安祥，穿著潔白的衣服；另一個是長得很肥胖又很嬌嫩，打扮得使她的臉色顯得比她生來的顏貌更為白皙而紅潤，身材也顯得比真實情況更為高大，睜大眼睛東張西顧，穿著得嬌態畢露，如果說大部分時間她是在自顧自盼，她也時常在窺覷著別人是不是

6.「明智的」在這裡的希臘文是σοφός，J.S.Watson的英譯本把它譯為「詭辯家」顯然有誤，因「詭辯家」的希臘文應是σοφιστής。——譯者

在注視著她，她還經常地顧影自憐。』」
23 「當她們走近赫拉克雷斯的時候，第一個仍然照著從前的步態悠閒地走著，但另一個
則急忙地要超過她，跑到赫拉克雷斯面前喊道：『赫拉克雷斯，我看你正在躊躇莫決，不
知採取哪一條道路走向生活才好；如果你跟我交朋友，我會領你走在最快樂、最舒適的道
24 路上，你將要嘗到各式各樣歡樂的滋味，一輩子不會經歷任何困難。首先，你不必擔心戰
爭和國家大事，你可以經常地想想吃點什麼佳餚，喝點什麼美酒、看看或聽聽什麼賞心悅
目的事情，聞聞香味或欣賞欣賞自己所愛好的東西，和什麼樣的人交遊最為稱心如意，怎
25 樣睡得最舒適以及怎樣最不費力地獲得這一切。萬一你擔心沒辦法得到這一切的時候，你
也不必害怕我會要你勞心費力地去獲得它們。你將會得到別人勞碌的果實，凡是對你有用
的東西你盡可以毫無顧忌地取來，因為凡是和我在一起的人我都給他們權力可以從任何地
方取得他們所要的東西。』」
26 當赫拉克雷斯聽到這一番話的時候他問道，「女士，請問你名叫什麼？」
「我的朋友把我叫作幸福，」她回答道，「但那些恨我的人卻給我起個綽號叫惡
行。」
27 「說話之間那一個女子也走近了，她說道，『赫拉克雷斯，我也來和你談談，我認識
你的父母，也曾注意到你幼年時所受的教育，我希望你會把你的腳步朝著我的住處走來，

28 你將會做出一切尊貴而高尚的事情，我也將因這些善行而顯得更為尊榮和顯貴。但我不願意先用一套好話來欺騙你：我要老老實實地把神明所規定的事情告訴你。因為神明所賜予人的一切美好的事物，沒有一樣是不需要辛苦努力就可以獲得的。如果你想獲得神明的寵愛，你必須向神明禮拜；如果你希望得到朋友的友愛，你就必須善待你的朋友；如果你想從一個城市獲得尊榮，你就必須支援這個城市；如果你希冀因你的德行而獲得全希臘的表揚，你就必須向全希臘做出有益的事情；如果你要土地給你帶來豐盛的果實，你就必須耕耘這塊土地；如果你決心想從羊群獲得財富，你就必須好好照管羊群；如果你想通過戰爭而壯大起來，取得力量來解放你的朋友並制服你的敵人，你就必須向那些懂得戰爭的人學會戰爭的藝術並在實踐中對它們作正確的運用；如果你要使身體強健，你就必須使身體成為心靈的僕人，用勞力出汗來訓練它。』」

29 按照普拉迪克斯所說的，這時惡行插進來說道：「赫拉克雷斯，你注意到這個女人向你所描繪的通向快樂的道路是多麼艱巨和漫長了嗎？我會通過一條容易和抄近的道路把你引向快樂。」

30 德行回答道，「你這個無恥的女人，你有什麼好東西呢？你既不肯辛勞努力去獲得它，怎能體驗到美好的事情呢？你連等待對於美好事物發生慾望的耐心都沒有，在還沒有餓的時候就去吃，還沒有渴的時候就去喝，羅致廚師為的是使你可以嘗盡美味，沽來美

酒，為的是使你可以開懷痛飲，還為了使它變得涼爽些而在夏天奔波尋找冰雪來。為了睡
得舒暢，你不僅預備了柔軟的被褥，還在床下安置了一個支座，因為你之所以要睡眠並不
是因為工作勞累而是由於無事可做，閒得無聊。你在沒有性慾要求的時候用各種方法引起
淫慾，把男人當作女人使用；你就是這樣教導你的朋友們，使他們在夜間放蕩無度，而
31 在白天則把最好的時光花在睡眠之中。你雖然是不朽的，然而卻是被神明所棄絕的，是善
良的人們所不齒的。一切聲音中最美好的聲音，讚美的聲音，你聽不到；一切景致中最美
好的景致你也看不到，因為你從來沒有看到自己做過什麼美好的事情。誰會相信你所說的
話呢？誰會把你所要求的給你呢？有哪個神智清楚的人會敢於和你廝混呢？因為凡是醉心
於你的人在年輕的時候身體都脆弱不堪，在年老的時候，他們的心靈也沒有智慧；在年輕
的時候他們飽食終日、無所用心，在年老的時候，他們都困頓潦倒，痛苦難言；他們過去
的行為給自己帶來了恥辱，當前的行為給自己帶來了煩惱。青年時他們生活得無憂無慮，
32 卻為老來積累了困苦艱難。但我做神明的侶伴，做善良的人的朋友；凡是神或人所做的美
好事情，沒有一樣不借助於我的；我受到神明的器重，受到那些和我同心同德的人們的尊
敬；我是工匠們所喜愛的同工，是主人們的忠實的管家，是僕人們的仁愛的護衛者，是和
平勞動的熱情的參與者，是戰爭行為的堅定的同盟者，是友誼的最好的夥伴。我的朋友們
33 都心情愉快、無憂無慮地享受飲食的樂趣，因為他們總是等到食慾旺盛的時候才進飲食。

34

他們比懶惰的人睡得香甜，醒來的時候也沒有煩惱，他們並不因睡眠而輕忽自己的本分。青年人因獲得老年人的誇獎而高興；老年人也因受到青年人的尊敬而喜樂；他們以欣悅的心情回顧自己以往的成就，歡欣鼓舞地從事目前的工作。通過我，他們受到神明的恩寵、朋友的愛戴、國人的器重。當大限來臨的時候，他們並不是躺在那裡被人遺忘，無人尊敬，而是一直活下去，永遠受到人們的歌頌和紀念。赫拉克雷斯啊，你有很好的父母，如果你肯這樣認真努力，你一定會為自己爭取得到最大的幸福。」

「普拉迪克斯關於赫拉克雷斯受到德行的訓誨的故事大致就是這樣；只不過他所用的詞藻比我適才所用的更為華麗得多罷了。但是無論如何，阿里斯提普斯，你把這些事放在心上，對你當前的生活好好地加以考慮，那是值得的。」

第二章

蘇格拉底和他的兒子朗普洛克萊之間關於子女對父母的本分的對話（朗普洛克萊曾表示了對於他母親的不滿）。忘恩負義的人應該認為是不義的人，第一—二節。一個人受到別人的好處愈大，如果他忘恩負義，他就是個更加不義的人；人所受到的好處沒有比子女從父母所受的好處更大的了，第三—六節。因此，儘管母親很嚴厲，做子女的也應尊敬自己的母親，因為知道她的嚴厲是出於仁愛的動機，第七—十二節。不盡為子之道的罪過是多麼大，可以從律法刑罰、人類咒詛不孝之人這件事上看出來，第十三—十四節。

1

有一天蘇格拉底聽到他的大兒子朗普洛克萊對他的母親發脾氣。他就對他說道，「我兒，告訴我，你知道有些人被叫作忘恩負義的人嗎？」

「當然，」少年人回答道。

「你知道他們因為做了什麼事才獲得這種惡名嗎？」

「我知道，」朗普洛克萊回答道，「忘恩負義這個名字是人們加給那些受了恩惠，自己有力報答，而卻不報答的人的。」

「那麼，你以為，忘恩負義的人算是不義的人了？」

「是的，我以為如此，」朗普洛克萊回答說。

[2]「那麼，你考慮過沒有，由於奴役朋友被認為是不義的，而奴役敵人則被認為是義的，是不是對於朋友忘恩負義就是不義的，而對於敵人忘恩負義則是義的呢？」

「我的確考慮過，而且我認為不管是從朋友來的也好，是從敵人來的也好，受人之惠而不知感恩圖報，總是不義的。」

[3]「既然如此，豈不是就必須把忘恩負義認為是不折不扣的絕對不義的事了嗎？」

朗普洛克萊對這表示同意。

「這麼一來，受人之惠愈大，不感恩圖報的不義也就愈大了？」

朗普洛克萊又表示同意。

「我們看到有誰，」蘇格拉底問道，「從別人所受的恩惠有比子女從父母所受的恩惠更多呢？父母使子女從無而變為有，使他們看到這麼多美好的事物，分享到神明所賜予人

的這麼多的福氣；這些福氣對我們來說都是非常寶貴的，我們無論如何也不願放棄這些福
氣。國家之所以對於這種最大的罪處以死刑，就是因為他們相信，非藉這種重大的刑罰不
4 足以防止這種不義。當然，你不會認為，人們生育子女只是為了滿足情慾，因為大街小巷
滿足情慾的娼寮妓院是很多的；我們所考慮的顯然是，什麼樣的女子能給我們生育最好的
子女，從而我們就和他們結婚生育子嗣。丈夫贍養妻子，並盡可能豐富地為將要生下來的
5 子女提供他所認為對撫養他們有用的東西。妻子受孕，忍受懷胎的苦痛，不顧生命的危
險，把自己的營養分給胎兒，最後在懷胎足月分娩之後，儘管自己並沒有事先得到任何好
處，還是哺育他，看顧他；但嬰兒並不知道撫養他的是誰，也不會向她表示自己的需要，
只是做母親的揣測到什麼對嬰兒的營養有益，什麼是他所喜歡的，力圖滿足他的這些要
求，長時期地撫養他，忍受日日夜夜的疲勞，一點也不知道自己會得到什麼酬勞。」

6 「父母並不以僅僅撫養子女為滿足，而是在子女一開始能夠學習的時候，就把他們所
知道對子女生活有用的東西教導他們；如果他們知道有什麼人能夠比他們自己更好地傳授
什麼知識，他們就不惜花費資財把子女送到他們那裡受教，總是盡力使子女受到最好的教
育。」

7 對於這些話少年人回答道，「儘管她做了這一切而且做得比這還多得多，但是，無論
誰也忍受不了她的壞脾氣。」

「你想，」蘇格拉底問道，「野獸的兇暴難以忍受呢，還是母親的壞脾氣難以忍受，哪一個更難忍受些？」

「我以為是母親的壞脾氣更難忍受，」朗普洛克萊回答道，「至少我的母親是如此。」

「那麼，有許多人被野獸所咬傷或踢傷，是不是你的母親也這樣咬過或踢過你呢？」

8 「我指宙斯神起誓，沒有，」朗普洛克萊回答道，「但她說的話是人無論如何都不願聽的。」

「你想一想，自從你是一個很小的小孩以來，日日夜夜，你說過多少抱怨的話，做過多少頂撞的事，叫她心裡難過呢？當你生病的時候，又給她帶來了多少痛苦呢？」

「但我從來沒有說過或做過什麼叫她感到蒙羞的事情。」

9 「難道你以為，」蘇格拉底問道，「你聽母親說的話，比悲劇演員在演劇中聽到彼此互相對罵的話還更難受嗎？」

「但我想，演員們忍受這些對罵是很容易的，因為他們並不以為說壞話的人真有侮辱他們的意思，或說恫嚇話的人，真的是在想恫嚇他們。」

「那麼，你既然清楚地知道，母親對你說話並沒有什麼惡意；相反，她倒是願意你比任何人更幸福，你又何必感到煩惱呢？難道你以為你的母親對你懷有惡意不成？」

「不是的，」朗普洛克萊回答說，「我並不那麼想。」

10 蘇格拉底反問道：「你的母親這樣仁慈地待你，當你有病的時候盡力看顧你，使你可以恢復健康，使你所需要的一無所缺，此外，她還為你向神求福，代你還願，你還說這樣的母親是一個嚴厲的母親？在我看來，如果這樣的母親還使你忍受不了，那你就是什麼好

11 事都忍受不了了。」「告訴我吧，」蘇格拉底接著說道，「還有什麼別的人是你感到應該尊重的嗎？或者是你決心不求任何人的喜悅，無論是將軍或任何其他首領，你都不願順服呢？」

「當然不是，」朗普洛克萊回答道。

12 「那麼你願意使你的鄰居對你有好感，在你需要的時候願意為你點火，在好事上幫助你，當你遭遇意外的時候樂意扶助你嗎？」

「是的，我願意，」朗普洛克萊回答。

「當你在陸地或是在海上和一個人一同旅行的時候，或者隨便碰到任何人的時候，你以為你所遇到的人是仇敵或是朋友沒有關係嗎？或者你以為你應當求得他們的好意呢？」

「我想我應當求得他們的好意。」

13 「你願意求得這些人的好意，但對於比任何人更愛你的母親，你倒以為不應當尊重她？難道你不知道國家對於別種形式的忘恩負義並不注意，既不對他們進行起訴，也不管

14

一個人受了別人的恩惠是否感激圖報，但對於那些不尊重父母的人卻要處以重罰，不許他擔任領導的責任，因為認為這樣的人不可能很敬虔地為國家獻祭，也不會光榮而公正地盡他的其他責任。不僅如此，如果任何人不好好地給他去世的父母修墓，當他做公職候選人的時候，國家還要對這事進行調查呢。所以，我兒，如果你是聰明人，你就應當求神明饒恕你過去不尊重母親的罪，免得神明把你當作一個忘恩負義的人而不肯施恩於你。你也應當重視別人的意見，免得他們看到你不盡子女的責任，大家都來譴責你，你就成為一個沒有朋友的人了；因為人們既然看到你對父母忘恩負義，他們就會這樣想：如果他們向你施恩，也一定不會得到你報答。」

第三章

蘇格拉底聽到哈賴豐和哈賴克拉泰斯兩兄弟爭吵，就用下列論證方式勸說哈賴克拉泰斯要有手足之情。應當把弟兄當作一個朋友來看待，把他看得比財富更寶貴，第一節。因為財富的持有者沒有朋友，財富就是靠不住的東西，第二—三節。兄弟友愛是自然所規定的：有兄弟的人比沒有兄弟的人更受人的尊敬，第四節。即使弟兄對我們有惡感，我們仍應當努力與他和解，第五—九節。怎樣能使這樣的和解獲得成功，第十—十四節。弟弟比哥哥更應努力和解，兄弟的品質愈高貴，和他和解也就愈容易，第十五—十七節。弟兄應當彼此同心協力，就像同一個身體的不同肢體一樣，第十八、十九節。

1 蘇格拉底看到哈賴豐和哈賴克拉泰斯，他所熟悉的兩兄弟彼此不和。在遇到哈賴克拉泰斯的時候，蘇格拉底就對他說，「哈賴克拉泰斯，我想你一定不是一個把財富看得比弟兄更寶貴的人吧？財富是沒有知覺的東西，弟兄是有知覺的，財富需要保護，弟兄能夠提
2 供保護，除此以外，財富是很多的，但弟兄只有一個。奇怪的是，一個人竟會因不能得到弟兄的產業而把弟兄看作是對自己有害的人，但他並不因為不能得到同國人的產業而認為同國的人對他有害，而是處於後一種情況下的時候他能夠這樣的推想：和許多人共同生活在一個社會裡，能夠安全地享用小康的資財，比擁有全國人的財產而獨自生活於危險恐怖
3 之中要好，可是對於弟兄，他們並不如此想。還有，那些有力量的人還購買奴僕來和他們一同工作，結交朋友以便在需要的時候能幫助他們，但卻不重視自己的弟兄，彷彿全國人
4 都可以做朋友，惟獨弟兄不可以似的，其實，由同一父母所生，一齊長大成人，應該更有利於發展友誼，因為就連在共同哺育起來的禽獸之間，尚且有友愛之情。除了這些考慮之外，對於有弟兄的人，人們總是更多地尊重，而更少地侵害他們。」

5 哈賴克拉泰斯回答道，「蘇格拉底，如果我們之間的分歧不大，也許我就應該對我的弟兄有耐心，不讓一些小事來使我們分離；因為正如你所說的，弟兄是一份寶貴的產業，如果做弟兄的所作所為，真正是這樣的話。但如果一個弟兄的所作所為並非如此，而是恰好相反，那又何必強求不可能的事呢？」

6 「哈賴克拉泰斯，」蘇格拉底問道，「是不是每個人都像你這樣，認為哈賴豐是一個

很討厭的人呢？是不是有些人還認為他很和藹可親呢？」

「啊，蘇格拉底，」哈賴克拉泰斯回答道，「我之所以恨他，正是因為這個緣故：他對別人倒很友好，惟獨對於我，每逢他到我跟前的時候，無論是說話行事，總是沒有幫助而只有害處。」

7 「那麼，是不是有這樣的情況呢？」蘇格拉底對他說，「如果你不知道應該怎樣對待一匹馬而去想駕御它，它就會加害於你，一個弟兄也是如此。如果你不知道應該怎樣對待一個弟兄，他就會叫你感到受損害？」

8 哈賴克拉泰斯回答道，「別人對我說好話，我知道怎樣用好話回答他，別人向我做一件好事，我知道怎麼以好事回報他，我怎麼不知道怎樣對自己的弟兄呢？但是對於一個只想用言語和行動傷害我的人，我就不可能對他說好話，也不可能好好地對待他，而且我也不會試圖這樣做的。」

9 「哈賴克拉泰斯，」蘇格拉底說道，「你說話真奇怪，你的一隻狗給你看羊，向你的牧人搖尾巴，但當你走近它的時候它會狺狺地向你叫起來，但你並不會向它生氣，而倒是用好意來馴服它；至於你的弟兄，儘管你承認如果他盡他的本分，會對你有很大的好處，儘管你承認你知道怎樣用好的言語和好的行為對待他，但你卻連嘗試一下，設法使他對你有最大的好處都不肯。」

10 哈賴克拉泰斯說道，「蘇格拉底，我怕我沒有那樣的智慧，可以使哈賴豐對我好起來。」

「但我認為，」蘇格拉底回答道，「並不需要用什麼特別新奇的方法來對待他，只要用你所已經知道的方法就可以贏得他，使他對你有好感了。」

11 「如果你看到我有什麼魔力，是我自己所還不知道的，那麼就請你先告訴我吧！」哈賴克拉泰斯說。

「那就請你告訴我吧，」蘇格拉底說，「如果你要一個你所認識的人在他獻祭的時候，請你去吃飯，你應該怎麼辦？」

「當然，我會在我獻祭的時候，首先請他來吃飯。」

12 「如果你想說服一個朋友，使他在你出門的時候代你照管家務，你應該怎麼辦？」

「當然，我會首先在他出門的時候，代他照管他的家務。」

13 「如果你想使一個外國朋友，在你訪問他的國家的時候，好好地款待你，你應該怎麼辦？」

「很顯然，當他來到雅典的時候，我首先會好好地款待他。而且，如果我希望他熱誠地幫我完成我到他的國家去所要辦的事情，我就應該首先同樣地對待他。」

14 「看來你是具有各式各樣的魔力的，不過你一直把它藏著罷了，是不是你害怕，」蘇格拉底接下去說道，「如果你首先向你的弟兄這樣表示好意，就有失自己的身分呢？然而，人們對於那些對敵人首先下手，對朋友首先施惠的人，都認為是應受最大的稱讚的，所以，如果我以為哈賴豐比你更能首先表示這種心情的話，我就會說服他首先向你表示這種友愛之情了，但是現在按情況看來，如果你首先帶頭，事情更有成功的希望。」

15 哈賴克拉泰斯說道，「蘇格拉底，你說話真不講情理，我沒有料到你竟會說這樣的話；我是個弟弟，你卻要我帶頭，一般人的看法都和這正相反，無論說話行事，都應該由年長的先帶頭。」

16 「怎麼，」蘇格拉底問道，「無論什麼地方，難道一般的習慣不都是當年輕人和年長的人在路上相遇的時候，年輕的人總應該首先讓路嗎？難道不是年輕人應該向年長的人讓座，把軟席讓給年長的人，講話時讓年長的先開口？所以，我的好朋友，不必猶疑了，努力和你的哥哥和解罷，他很快會聽從你的。你難道看不出他是一個非常愛好榮譽而且心地坦率的人嗎？卑鄙的人，你只要給他點什麼，就可以博得他的歡心。但對於一個體面的賢者，說服他的最好的辦法就是以善意相待。」

17 「如果我照你的辦法做，得不到好的效果怎麼辦？」哈賴克拉泰斯問道。

「如果是那樣，你所冒的風險也不過是證明你是一個正直而有兄弟之情的人，他是一個卑鄙而不配受尊重的人罷了，但我深信不會有這樣的結果的，因為我想，當他一發現你

18 是在這方面和他競賽短長的時候，他一定會以極其爭強的心情，在言語和行為方面超過你
的好意的。照目前的情況來說，你們兩人就彷彿兩隻手一樣，本來是神明造來互相幫助
的，卻忽略了自己的本分而互相妨礙起來；又好像兩隻腳一樣，本是神意造出來互相合作
19 的，卻放棄了這種職守，而彼此彆扭起來了，把本來是為了我們的益處而造的東西用來加
害我們自己，豈不是很大的愚昧和不幸嗎？其實，依我看來，神明造弟兄彼此相助，比
手、足、眼睛或其他成對的肢體對人的好處要大多了；因為雙手不能同時做相距一托長[1]
以外的事情；雙足不能同時跨在相距一托長的東西上；至於兩隻眼睛，雖然似乎能看得很
遠，但如果兩件東西雖然距離很近，一個在前，一個在後，就不能同時看見了；惟獨兄
弟，只要他們彼此友愛的話，不管距離多遠，也能同心協力，互相幫助。」

---

1. 原文ὀργυιᾶς一托長，希臘量度名，約合六市尺。——譯者

第四章

論友誼的價值。許多人想求得財富勝於想結交朋友，第一─四節。但任何一種財富都不能比朋友更有價值、更持久、更有用：列舉朋友的品質，第五─七節。

1 有一次我聽到他做關於朋友的演講，在我看來，這篇演講無論是在關於結交朋友方面或是在關於朋友的用處方面，對人的幫助都很大。他說，他曾聽許多人講，一個真心忠實的朋友比一切財富更寶貴，但他所看到的絕大多數人，都在結交朋友一事上，非常不當
2 心。他說，我看到他們勤勤懇懇地想方設法購買房屋、田地、奴隸、牛羊和傢俱；至於朋友，儘管他們說是人的最大的福氣，但大多數人既不關心怎樣結交新朋友，也不注意怎樣
3 保住他們所已有的朋友。他說，當朋友和奴隸一同患病的時候，他所看到的是，人們總是請醫生來看他們的奴隸，想方設法使他們恢復健康，但他對於他們的朋友卻不聞不問；如

果這兩者都死亡的話，人們也只是為他們的奴隸悲傷，認為自己蒙受了損失，至於損失朋
友，卻認為算不了什麼。他們的別的財物，沒有一樣他們不是好好看顧照管的，但當他們
的朋友需要看顧的時候，他們卻一點也不加過問。除此以外，他還說他看到大多數人，對
4 於他們的其他財富，儘管數目很大，也很熟悉，但對於朋友，儘管數目很小，不僅不知道
有多少，而且在有人問到他們，他們試圖加以計算的時候，還把從前認為朋友的人棄置不
5 算，他們不把朋友放在心上，從此可見一斑。但如果把朋友和所有其他的財富比較起來，
一個好朋友豈不是更有價值得多嗎？有什麼馬，什麼耕牛，能抵得上一個真正好的朋友那
樣有用呢？有什麼奴僕是像朋友那樣的好心腸，或富於友愛呢？有什麼其他的財富是像朋
6 友那樣有益呢？因為一個好的朋友對於他的朋友，無論是他個人的私務，或是他在公共職
守方面，不管缺少什麼都很關心。當朋友需要照顧的時候，他總是提供自己的資財來幫助
他；當朋友受到威脅的時候，他總會加以救援並分擔費用，同心協力，幫助說服，甚至以
7 強力壓服對方。當朋友順利的時候他就鼓舞他，要跌倒的時候就扶持他。凡是一個人的手
所能操作的，眼睛所能預先看到的，耳朵所能聽見的，腳所能完成的，沒有一件事他的朋
友不會為他做好的；而且還經常有這樣的情況：一個人所沒有為自己完成的，或者沒有看

到的，或者沒有聽到的，或者沒有完成的，他的朋友都為他做到了[1]然而，儘管人們為了吃果子而栽種果樹，絕大多數的人對於他們所有的叫作朋友的最豐厚的財寶，卻不知加以培植和愛護。

1. 「而且還經常有這樣的情況……他的朋友都為他做到了」這一段婁卜叢書E.C.Marchant 譯本漏譯。——譯者注。

第五章

論對於不同的朋友應有的不同的評價。人們應當進行自我檢查，確定自己在朋友心目中應當得到什麼樣的評價。

1 有一次我聽到他的另一篇談話，我以為這是他勸勉聽者進行自我檢查，看看自己對於
朋友究竟有多大價值。他注意到了一個和他交遊的人有一個朋友處境窮困，但這個人卻不
加聞問，他就當著這個忽視朋友需要的人以及其他幾個人的面問安提斯泰尼斯道：「安提
2 斯泰尼斯，朋友是不是也像奴隸一樣，有其固定的價值？因為有的朋友也許值兩姆納[1]，
另一個卻連半姆納也不值，而另一個可能值五姆納，另一個值十姆納。尼凱拉特斯的兒子

---

1. 姆納，古希臘銀幣名，一姆納等於一百德拉克姆，又衡量名。——譯者

尼克阿斯據說曾經為了購買一個給他經管銀礦的人付上了整整一塔連得[2]的銀子。所以讓
我們研究一下，是不是正像奴隸有一定的價值一樣，朋友也有其一定的價值。」
3 「的確如此，」安提斯泰尼斯回答道，「至少就我來說，我就寧願得某一人為我的朋
友而不願得二姆納；另一個人我可能認為連半姆納也不值；另一個人我可能認為比十姆納
更寶貴；而另一個人我可能不惜犧牲一切金錢，費盡一切力量來爭取他為我的朋友。」
4 「如果情況是這樣的話，那麼，」蘇格拉底說道，「我們每一個人就都值得檢查一
下，看看自己對於朋友具有怎樣的價值了。而且，每一個人都應當力圖使自己對朋友有盡
可能多的價值，免得朋友把他拋棄了。因我常常聽見有人說，他的朋友把他拋棄了，也有
5 人說，他所以為是他的朋友的人，竟為了要得到一姆納而不要他了。因此，對於這一切我
是這樣考慮的，是不是正像一個人不管能得到多少錢都情願把一個無用的奴隸脫手一樣，
人們也同樣容易在能夠得到更多價值的時候，把一個沒有價值的朋友拋掉。我從來沒有看
到過人肯把一個有用的奴隸賣掉，同樣，好朋友也不會被人拋棄。」

2. 塔連得，古希臘衡量名，一塔連得銀子等於六十姆納。——譯者

第六章

應當挑選什麼樣的人做朋友，第一—五節。在沒有結交朋友以前，如何確定人的品格，第六—七節。怎樣聯絡朋友，第八—十三節。友誼只能存在於善良而高尚的人們之間，第十四—十九節。在這樣的人之間儘管有意見的不同，友誼卻仍能繼續存在下去，第十九—二十八節。由上述言論所得到的推論，第二十九—三十九節。

1

我以為，由於在以下的談話裡，他勸人在結交朋友時要試驗這個人有什麼值得結交的價值，他的言論是很足以發人深省的。

「告訴我吧，克里托布洛斯，」他說，「如果我們需要一個好朋友，我們應當怎樣去找？首先，我們豈不是應當找一個能夠控制自己的口腹之慾、控制對於杯中之物的嗜好、色慾、睡眠和貪懶的心情的人嗎？因為凡受這一類事制服的人，無論對自己或朋友，都不能盡當盡的責任。」

「當然不能，」克里托布洛斯回答。

「那麼，你以為我們應該避免那些受制於這類嗜好的人了？」

「絕對應當避免，」克里托布洛斯回答。

2 「那麼，那些凡事浪費，漫無節制，不能自給，總是需要鄰居幫助的人，借了債不能還，借不到手就怨恨那些不肯借給他的人，你想這樣的人是不是危險的朋友呢？」

「肯定是，」克里托布洛斯回答。

「那麼，我們必須避免這樣的人了？」

「的確必須避免。」

3 「還有一種人，非常精於生意經，總是貪求多佔便宜，因此，很難共處，喜歡收進，而不願意付出，這樣的人怎麼樣呢？」

「在我看來，這樣的人比前一種人更壞，」克里托布洛斯回答。

4 「另一種人怎樣呢？他善於經營，甚至除了想到從哪裡可以得利以外，連別的閒暇工夫都沒有。」

「我想我們也必須避開他，因為和這樣的人結交是沒有好處的。」

「對於那愛好爭吵，會動不動給朋友帶來大量敵人的人應當怎樣呢？」

「當然，我們也必須避開他。」

「如果有這樣一種人，他這些缺點全都沒有，但只知接受別人的恩惠，從來也不想回報，怎麼樣？」

「結交這樣的人也沒有好處。但是，蘇格拉底，我們應當努力結交什麼樣的人呢？」

5 「我想是和這些人正相反的那種人。他能控制自己的情慾，和人打交道忠誠公正，受了人的恩惠一定要報恩，結交這樣的人是有好處的。」

6 「蘇格拉底，在我們沒有和他結交以前，怎樣試驗他的這些品格呢？」

「我們試驗一個雕刻家，」蘇格拉底回答道，「並不是憑他的話來判斷，而是根據他過去所雕塑的美好的人像，我們相信，他以後所雕刻的也一定會是好的。」

7 「那麼，你的意思是說，對待過去的朋友好的人，顯然也會對待未來的朋友好？」

「是的，因為我知道一個養馬的人，如果對待過去的馬是好的，我想他以後對待別的馬也一定會是好的。」

8 「就算是這樣吧，」克里托布洛斯說道，「但對於那看來值得結交為朋友的人，我們怎樣使他成為我們的朋友呢？」

「首先，」蘇格拉底回答道，「我們應當求問神，看神的意思是不是勸我們和他交朋友。」

「那麼，請你告訴我，」克里托布洛斯問道，「我們所認為可以結交而神明又不反對的人，怎樣才能獲得他的友誼呢？」

9 「當然，獲得友誼不可能像獵取兔子那樣用窮追的辦法，也不可能像捕鳥那樣用誘擒的辦法，也不可能像對待敵人那樣使用暴力，違反一個人的意願而想使他成為你的朋友是很難的，你很難把一個朋友囚禁起來像一個奴隸那樣，因為那麼一來，受這樣待遇的人不會成為你的朋友而倒要成為你的敵人了。」

10 「那麼，朋友是怎樣得來的呢？」

「據說，有種符咒，那些會唸這些符咒的人，喜歡要誰做他們的朋友就可以使誰做他們的朋友。還有種『愛藥』（φίλτρα），那些會用這種藥的人，隨便把這種藥用在誰的身上就可以使誰愛上自己。」

11 「我們怎能學會這些呢？」

「你聽說過荷馬曾經講過海妖唱了什麼歌迷惑[1]俄底修斯的事吧。歌的起頭是這樣的：

1.《俄底修斯》，xii，一八四。——譯者

12 『來呀，到這裡來呀，廣受讚美的俄底修斯，亞該亞人的偉大的光榮。』」

「女妖是不是也向別人唱同樣的歌曲，蘇格拉底，從而令他們著迷不能離開她們呢？」

「不，她們只向那些追求德行的光榮的人才這樣唱。」

「我想你的意思似乎是無論誰我們應該向他像唸咒語一樣說這樣一種誇獎他的話，使聽的人覺得那向他說誇獎話的人並不是在譏笑他，因為一個人如果自己是個矮小、醜陋、軟弱的人，你倒誇他是高大、俊美、強壯，這只能使他把你當作仇敵而遠遠地躲開你罷了。」

「但你是不是還知道什麼別的咒語呢？」[2]

---

2. 外國譯者對這一節的理解各有不同：J.S.Watson的英譯本和Johannes Irmscher 的德譯本都把它當作是克里托布洛斯一個人的話，E.C.Marchant的英譯本則把「我想……譏笑他」當作是克里托布洛斯的話，「因為……罷了」是蘇格拉底的話，「但你……咒語呢？」又是克里托布洛斯的話。但如譯成兩個人的話，勢必要加上一些原文所沒有的詞才能讀得通順，如Marchant就在「因為……罷了」之前加了一個「yes」，Watson則在「但你是不是還知道什麼別的咒語呢」裡插進了「added Cristobulus」。——譯者

13 「不，但我聽說伯里克里斯知道得很多，他曾向國民唸了這些咒語，使他們都愛他。」

「賽米斯托克勒斯[3]是怎樣使國民愛他的呢？」

「我敢指宙斯神起誓，他絕不是用唸咒語的辦法，而是向國民行了對他們有好處的事情。」

14 「蘇格拉底，我想你的意思是，如果我們想得到好人做我們的朋友，我們自己就必須在言語和行為兩方面都要好。」

「你以為，」蘇格拉底說道，「一個壞人能得好人做自己的朋友嗎？」

15 「我看見過，」克里托布洛斯回答道，「低能的演說家卻和好的演說家做了朋友，不好的戰略家卻成了有名的軍事家的朋友。」

16 「談到我們現在討論的這個題目，你是不是知道有什麼無用的人成了有用的人的朋友呢？」

「我指宙斯神起誓，不知道，」克里托布洛斯回答說，「不過，既然壞人不可能和好

---

3. 賽米斯托克勒斯是雅典的著名將領，曾在撒拉米戰役中戰勝了波斯人，受到雅典人的愛戴。——譯者

人交朋友，那麼請你告訴我，是不是高尚而善良的人就很容易和高尚而善良的人結交成朋
友呢？」
17 「使你感到困惑的是，克里托布洛斯，你常常看到那些行為高尚，不願做可恥事情的
人，彼此不但不能成為朋友，卻反倒互相爭吵不休，他們彼此間的仇恨，甚至比那些下流
的人更甚。」
18 「這樣的事還不僅以個人為限，」克里托布洛斯說道，「甚至整個的城邦，儘管他們
19 都非常重視德行並憎恨可恥的事情，但彼此之間卻是互相仇恨著。當我想到這些事的時
候，我就對交朋友感到非常失望，因為我看壞人與壞人是不能成為朋友的，因為那些忘恩
負義、輕率魯莽、自私自利、毫無信義、毫無節制的人怎能彼此交成朋友呢？其實，在我
20 看來，與其說壞人和壞人能交成朋友，倒不如說他們是天生互相為敵的。其次，正如你所
說的，下流人和正直的人也是交不成朋友的，因為經常做壞事的人怎能和那些憎恨這樣事
的人做朋友呢？還有，就連那些有德行的人也因在社會國家裡爭奪領導地位而互相仇恨，
誰還能成為朋友、什麼樣的人中才能找到友愛和信義呢？」
21 「但是，克里托布洛斯，」蘇格拉底說道，「這些事的情況是很複雜的，人們天性有
友愛的性情：他們彼此需要，彼此同情，為共同的利益而通力合作，由於他們都意識到這
種情況，所以他們就有互相感激的心情；但人們也有一種敵對的傾向。因為那些以同樣對

象為美好可喜的人們，會因此而競爭起來，由於意見分歧就成了仇敵。紛爭和惱怒導向戰
爭，貪得無厭導向敵視，嫉妒導向仇恨。儘管有這麼多的障礙，友誼仍然能夠迂迴曲折地
出現，把那些高尚善良的人們聯繫在一起；因為這樣的人是熱愛德行的，他們認為享受一
種沒有競爭的小康生活，比通過戰爭而稱霸一切更好；他們情願自己忍受饑渴的苦痛，和
23 別人分享麵包和飲料；儘管他們也酷愛美色，卻能毅然控制住自己不去得罪那些他們所不
應得罪的人。他們屏除貪欲，不僅能以依法分給他們的產業為滿足，而且還能彼此幫助；
他們能彼此排除分歧，不僅使彼此都不感到苦痛，還能對彼此都有好處。他們能夠防止怒
氣，不致因發怒而產生後悔；他們也能完全排除嫉妒，認為自己的財產也就是朋友的，而
24 同時把朋友的財產認為也就是自己的。因此，高尚而善良的人們共同享受政治上的榮譽，
不僅彼此無損，而且還對彼此都有好處，豈不就是很自然的事了嗎？那些為了便於盜竊公
款、強暴待人，度一種安逸享樂的生活而貪圖在城邦裡享受榮譽和佔據高位的人，都是些
25 不義和無恥之徒，是不可能和別人和睦共處的。但是，如果一個人希望在城邦獲得榮譽，
不僅是為了使自己不做不法行為的犧牲品，同時也是為了在正義的事上對朋友有所幫助，
並且使自己在執政期間能夠為祖國做一些有益的事情，他自己既然具有這樣的心情，為
什麼不可以和與自己有同樣心情的人結交為親密的朋友呢？難道他和那些高尚而善良的人
們結交會妨礙自己幫助自己的朋友嗎？或者是在得到了那些高尚而善良的人們的合作之後

26 反而會使自己對國家不能有所貢獻嗎？即使在公共競技中，很明顯，如果讓那些最強有力
的人聯合起來攻擊比較軟弱的人，他們就會在一切競賽中取得勝利而奪去所有的獎品；因
此，在這樣的競賽裡人們是不容許這樣做的；但是，在政治方面，高尚而善良的人們是佔
著優勢的，如果有人為了對國家有所貢獻而願意和任何人聯合起來，是不會有人加以阻止
的；和最好的人結交為朋友，以他們為在事業上的同志與同工，而不是作為仇敵，怎能對
27 於治理國家沒有好處呢？而且，同樣明顯的是，如果某人和某人作戰，他就需要同盟者，
如果他的對手是高尚而善良的人，他還需要更多的同盟者；對於那些願意做他的同盟者的
人，他必須優待他們，使他們甘心情願地奮發努力；優待那些人數較少的最有德行的人比
優待那些人數眾多的下流人要好得多，因為下流人總是比正直的人要求更多的優待的。」

28 「但是，」蘇格拉底接下去說道，「克里托布洛斯，你當鼓足勇氣，努力成為有德行
的人，在你自己成了有德行的人之後，還要盡力和那些高尚而有德行的人結交為朋友。由
於我自己熱愛交朋友，也許我能在追求和高尚而有德行的人交友這件事上對你有所幫助。
因為對於我所愛中的人，不管是誰，我總是盡我的全心熱愛他們，並且非常渴望他們也以
29 同樣的熱愛回報我，我渴想他們，同時希望他們也同樣渴想我，我渴望和他們聚首一處，
同時希望他們也同樣渴望和我聚首一處。我知道當你和任何人結交為朋友的時候，你必
定也希望培養這樣的感情。所以，不要向我隱瞞你希望和誰交友，由於我對於所有討我喜

歡的人，我總是想方設法討他們的喜歡，因此，我想我在和人交友這方面並不是沒有經驗的。」

30 「的確，蘇格拉底，」克里托布洛斯回答道，「我早就盼望能夠聆取像你這樣的教誨了，尤其是如果這種知識會有助於我結交那些心地善良而又容貌俊美的人們。」

31 「但是，克里托布洛斯，」蘇格拉底說道，「在我所傳授的本領裡並不包含向那些容貌俊美的人[4]動手，迫使他們順服這種本領，因為我相信人們之所以遠避斯庫拉[5]，正是因為她向他們動手，而人們卻說，每個人都願意聽海妖們的歌聲，而且聽著聽著就著迷了，因為海妖們並不向人動手，而是從遠處向所有的人歌唱。」[6]

32 「我是不會向任何人動手的，」克里托布洛斯說道，「請你把結交朋友的方法告訴我吧。」

---

4. 蘇格拉底在這裡所說的容貌俊美的人具有雙重含義，一方面是指身體俊美說的，但更主要的是指具有美好德行的人而言。——譯者

5. 斯庫拉是海怪名，她有六個頭，十二隻腳，每當有船駛近她的時候，她會一下子攫取六個人，把他們活活地吞下。——譯者

6. 《俄底修斯》xii 三十九節以下。——譯者

「你不會用嘴唇向他們接吻嗎？」蘇格拉底問道。

「你放心吧，」克里托布洛斯回答道，「除非那個人容貌非常俊美，否則我是不會向任何人接吻的。」

「克里托布洛斯，這和你所說希望完成的目的恰好相反，」蘇格拉底說道，「因為容貌俊美的人是不會容許這樣輕舉妄動的，只有那些容貌醜陋的人才會樂於順從，他們以為
33 人家這樣待他們是把他們內心之美算作容貌之美。」

「我愛容貌俊美的人，但我更加倍地愛那內心俊美的人，所以，請放心，把結交朋友的本領傳授給我吧！」

「好吧，克里托布洛斯，」蘇格拉底道，「當你想和任何人交朋友的時候，你是不是肯讓我向他說，你很欽佩他，願意和他做朋友呢？」

「你只管這樣和他說，」克里托布洛斯回答道，「因為我從來還不曾知道有什麼人不
34 喜歡人家誇獎他哩。」

「如果我接著向他說，由於你欽佩他，所以你對他很有好感，那麼，你也不會以為我是在說你的壞話吧？」

「絕對不會，當我認為別人對我懷好感時，我想他們也會發生好感的。」

35 蘇格拉底說道：「那麼，你是讓我向你所願意結交的朋友說這樣的話了。除此以外，

如果你也讓我告訴他們：你非常關心你的朋友；沒有什麼比結交好朋友更使你高興的；你以朋友的美好成就為誇耀，就像是自己的成就一樣；你以朋友的好運氣為喜悅，就像是自己的好運氣一樣；你總是不知疲倦地為朋友的好處著想；你以為，善待朋友勝於朋友善待自己，傷害敵人勝於敵人傷害自己，正是一個人的美德；我想我就可以在結交好朋友這方面對你有所幫助了。」

36 「但是，」克里托布洛斯問道，「你為什麼向我說這樣的話，竟好像你沒有隨意談論我的自由呢？」

「我指宙斯神起誓，」蘇格拉底回答道，「根據我有一次從阿斯帕西亞斯[7]所聽來的一句話；這樣的自由我是沒有的，她說：好的媒人按真實情況介紹雙方的美好品德，對於引導雙方的結合會起很大的影響，但那些說謊話的媒人，他們所說的稱讚的話是不會有好處的，因為那些受了欺騙的人，不僅彼此互相憎恨，而且也同樣憎恨做媒的人。我認為這個意見是正確的，因此，我想當我稱讚你的時候，我不能說任何一句不真實的話。」

37 「我看你正是這樣的一個朋友，」克里托布洛斯回答道，「如果我有結交朋友的資

---

7. 阿斯帕西亞斯是伯里克里斯的情婦。——譯者

格，你就會幫助我，但是如果我沒有這種資格，那麼，你是不會編造出什麼話來幫助
的。」
「克里托布洛斯，」蘇格拉底問道，「你想我怎樣能對你幫助得最好，是用虛偽的讚
38 辭來誇獎你呢，或者是通過勸勉，使你成為一個真正的好人呢？如果這一點對你還不清
楚，那麼就請你根據以下的情況來考慮一下。如果我想使一位船主做你的朋友，我就在他
面前虛偽地誇獎你，說你是一個好的舵手，而他，相信了我的話，就把他的船隻交給你行
駛，而其實你並不會駛船，你想你能夠有希望倖免於船破身亡嗎？或者假設我以欺騙的手
段，公開說服城邦人民相信你是一個戰略家、法律家和政治家，以致他們把國家大事交在
你的手裡，你想城邦和你自己會遭受怎樣的禍害呢？或者，如果在私人交往中，由於我的
39 毫無根據的陳述，誘惑了一些公民把他們的財產交託你看管，而當你應該證明自己的本領
的時候，卻被宣告犯了欺詐的罪，豈不是使自己顯得有害而且可笑嗎？然而，克里托布洛
斯，如果你在什麼事上希望人家認你為好，你就應當努力在那樁事上真正是好，這才是最
敏捷、最安全、最美好的辦法，任何人間所稱為美德的東西，經過一番考慮你就會看出，

都是可以通過學習和實踐來增進的。我以為，我們之所以要努力獲得[8]朋友，正是以這些意見為根據；如果你知道還有什麼別的辦法，那就請指教吧。」

「哦，蘇格拉底，」克里托布洛斯回答道，「如果對這樣的話還會提出什麼反對的意見，那我真就要慚愧死了；因為那樣一來，我所說的就將是一些既不光榮也不誠實的話了。」

---

8. 婁卜古典叢書，這裡原文是*Θηρᾶν*該書編者認為不正確，是一個抄本憑臆測而增補進去的，R.D.C. Robbins 的注釋本是*Θηρᾶσθαι*，兩者都是從*Θηράω*（追求）變化而來。——譯者

第七章

蘇格拉底努力教導和勸勉他的朋友們通過相互支援，減輕朋友的需要。在這一章裡特別指出，任何受過高等教育的人，當他為貧乏所困的時候，都可以光榮地運用自己的才能和成就而自力更生。

1

他努力通過勸導來幫助他的朋友解決由於無知而產生的困難；通過忠告他們根據自己的財力互相幫助來解決由於貧乏而產生的困難。關於這一點，我將把我所知道他的事講述出來。

有一次當他看到阿里斯托哈斯[1]面帶愁容的時候說道：「阿里斯托哈斯，看來你的心裡似乎有什麼心事，但是你把你的負擔告訴你的朋友們，也許我們可以設法給你減輕一

1. 阿里斯托哈斯，此人生平不詳。——譯者

些。」

2 「的確，蘇格拉底，」阿里斯托哈斯回答道，「我有很大的困苦，自從城裡發生革命[2]以來，許多人都逃到裴拉伊阿去了。我的倖存的姊妹、侄女、表兄弟等很多人都逃到我這裡來了，現在在我家裡單是自由人就有十四個，同時，我們從田地裡毫無所得，因為都被敵人霸佔去了。房子也拿不到租金，因為城裡的居民已寥寥無幾了，沒有人肯買我們的家具，任何地方也借不到錢。真的，我以為一個人如果想要借錢，還不如到馬路上去搶倒更快一些呢。所以，讓自己的親人死去，對我來說是很痛苦的，但在這種情形下，想要維持這麼多人的生活，我又不可能。」

3 當蘇格拉底聽到這話時就回答道：「你看那邊的凱拉蒙，雖然也有許多人要養活，怎麼除了供給自己和他們的必需品以外，還能積蓄更多的錢，使自己成為一個殷實的富戶，而你，也同樣要養活許多人，卻怕大家都一齊餓死呢？」

「當然，」阿里斯托哈斯回答道，「因為他所養活的是奴隸，而我所要養活的卻是自由人。」

---

2. 指裴洛帕奈西（現譯伯羅奔尼撒）戰爭末期雅典所發生的革命。——譯者

4 蘇格拉底問道：「你想這兩種人中哪一種更好，是你的自由人呢，還是凱拉蒙的奴隸？」

「我想是我的自由人更好。」

「那麼，和他在一起的比和你在一起的人不好反倒富有，而你和你的更好的人反倒有困難，這豈不是很可恥的事嗎？」

「的確如此，但他所要養活的是些手藝人，而我所要養活的卻是些有教養的自由人。」

5 「那麼，手藝人就是一些知道怎樣製造有用的東西的人吧？」蘇格拉底問道。

「當然。」

「大麥片是有用的嗎？」

「非常有用。」

「麵包怎麼樣呢？」

「用處也不小。」

「男人和女人的上衣、襯衫、斗篷和背心怎麼樣呢？」

「所有這一切東西也都非常有用。」

「難道那些和你同居的人們連這些東西中的任何一樣都不會做嗎？」

「我相信所有這些東西他們都會做。」

6 「難道你不知道那歐西庫代司單憑做這些東西中的一種，即大麥片，就不僅維持了他自己和他的家屬，而且還飼養了一大群豬和牛，他所賺得的遠超過他所需用的，從而使他能夠常常吃自己的飯替城邦幹活，難道你不知道庫瑞博斯單憑做麵包就養活了他的全家，而且生活得豐豐足足，卡魯托斯人[3]，戴米阿斯憑著製造斗篷，梅農[4]憑著製造絨線上衣，大多數的梅格拉人[5]憑著製造背心也都生活得很好嗎？」

「的確，他們生活得很好；因為他們蓄養買來的洋奴，可以任意強迫他們做他們所喜歡的事，而和我在一起的卻是些自由人和親屬。」

7 「那麼，因為他們是自由人而且是你的親屬，你以為他們就應該無所事事而只是吃吃睡睡嗎？你看到其他度這樣生活的自由人比那些從事他們知道對於生活有用的工藝的人們生活得更愉快更幸福嗎？你以為懶惰和粗心在幫助人學會他們所應該知道的事並把他們所

8 學得的記住，在保持身體健康結實，在獲致並保持對於生活有益的事物方面對於人類是有

---

3. 指雅典市東部卡魯托斯區的居民而言。——譯者
4. 絨線上衣是雅典市民所著的一種高貴服裝。——譯者
5. 指梅格拉城的居民。——譯者

益的，而勤勞和謹慎卻是毫無用處嗎？至於你說他們會做的那些手藝，他們是把它們當作
對於生活毫無用處的東西，而且從來也不打算對任何一樁加以應用而學習的呢，還是他們
有意思從事這些工作，想藉它們獲得好處呢？哪一種情況會使人更賢明，是飽食終日無所
用心呢，還是從事有益的活動？哪一種情況會使人更正直，是工作呢，還是遊手好閒地
9 一心貪圖打算購買生活必需品呢？照目前的情況看來，我想你既不愛你的親屬，他們也不
愛你；因為你覺得他們對於你是個重擔，而他們也感到你厭煩他們，危險在於這種情況
可能越來越厲害，以致從前的友愛之情逐漸減少；但如果你指揮他們，使他們從事工作，
那麼，當你看到他們對你有好處的時候，你就會喜歡他們，當他們看到你對他們滿意的時
候，他們也就會喜歡你了。當你們都以歡樂的心情回憶過去的友誼時，由此而產生的友愛
10 就會更為增加，從而你們就會更加友好，更加和睦相處了。當然，如果他們是去做不光榮
的事情，那倒不如死了更好，但事實是，他們所會做的事情看來乃是最光榮而又最適於
婦女們做的事情，凡是人們會做的事情，做起來總是最容易，最迅速，最美好，而且最高
興。因此，不要再遲延了，趕快叫他們去做這種對你和他們都極有益的事吧，他們一定會
以歡喜的心情依照你所指示的去做的。」

11 阿里斯托哈斯說，「的確，蘇格拉底，我看你的忠告非常美好。過去我是不喜歡借錢
的，因為知道當我把借來的錢花完的時候，我將無法償還人家，但現在為了獲得必要的資

金以便開始工作起來，我想我是可以這樣做的了。」

12 結果，必要的資金湊足了，羊毛也買來了。婦女們吃午飯的時候一邊工作一邊吃飯，只是在收工以後才吃晚飯。她們興致勃勃，臉上不再帶愁容了，過去的互相嫉視變成笑臉相迎了。她們熱愛阿里斯托哈斯，把他當作自己的保護人，阿里斯托哈斯也因為她們有用而很愛她們。阿里斯托哈斯終於來到了蘇格拉底跟前，把他家中的這種歡欣鼓舞的情況告訴了他。並說，婦女們認為遺憾的事，就是惟有他自己還在吃白飯。

13 「那麼，為什麼不把狗的故事講給她們聽呢？」蘇格拉底問道，「據說從前有一個時
候獸類都會說話，一隻羊對它的主人說道：『你這個人做事真古怪，我們給你提供羊毛、
羊羔和乳酪，但除了我們從田裡所得到的以外，你卻什麼都不給我們，而狗呢，什麼也不
14 能給你提供，你卻把自己的食物分給它。』當狗聽到這些話的時候說道：『我指宙斯起
誓，的確如此，難道不是我保護了你們免受盜賊的偷竊和豺狼的掠奪嗎？如果不是我在保
護你們，恐怕你們由於生命朝不保夕將惴惴不安地連飯也吃不成了。』據說，因此所有的
羊就一致承認了狗應享有優先權。同樣，你也可以告訴你的親眷們說，你所處的就是狗的
地位，是她們的監視者和保護人，正是由於有了你，她們才能夠平安無慮，毫無困難地進
行工作。」

第八章

蘇格拉底勸説當雇工的猶泰魯斯，要他找一種比較適當的工作，因為他目前的工作對像他這樣大年紀的人不合適，並建議他到一個有錢的人家去做管家。猶泰魯斯不同意，説他不願意向一個主人負責，蘇格拉底對他加以反駁，説世界上沒有不負責任的工作。

1

有一次蘇格拉底看到一個多年未見的老朋友時説道：「猶泰魯斯，你是從哪兒來的？」

「蘇格拉底，我是在戰爭結束[1]後回家來的，現在我就住在這兒，」猶泰魯斯回答

---

1. 據補翁古典叢書，色諾芬：《遠征記》和《回憶錄》合訂本，四一二頁注，這裡的戰爭結束是指賽拉門尼斯和約而言，此次戰役使雅典人民在亞底該境外所有的財產都損失淨光。——譯者

道。「自從我們的國外財產都喪失了以後，我的父親在亞底該[2]又沒有給我留下什麼，我就不得不親手勞動來維持自己的生活，我想這樣做比討飯好些，尤其是像我這樣的人根本沒有什麼抵押品可以向人家借貸。」

2 「你想你有氣力來這樣勞動，來維持自己的生活，還會有多久呢？」

「當然不會很久。」

「要知道，當你年紀大起來的時候你是必得花錢的，到那時就沒有人要你來工作給你報酬了。」

「你說的是實情，」猶泰魯斯回答。

3 「那麼，」蘇格拉底接著說道，「你最好趕快去找一種工作，使你老年時可以有所贍養；到一個需要助手的有錢的人家去，做他的管事，幫助他蒐集穀物，照管他的財產，你幫他，讓他也來幫你。」

4 「蘇格拉底，我可不願意做一個奴隸。」

「不過，那些管理國家大事的人們，人們並不因此而把他們看成奴隸，而倒是很尊敬

---

2. 亞底該是以雅典為首府的希臘地區名，位於波俄提亞之南。——譯者

他們啊！」
5 「但是，蘇格拉底，總而言之，我是不願意向任何人負責的。」
「可是，猶泰魯斯，找一個不負責任的事是不容易的啊，無論一個人做什麼，想不犯
錯誤是很難的，即使是不犯錯誤，想避免不公正的批評也是很難的。我想，就是在你現在
所擔任的工作中，要想完全不受指責，恐怕也不容易吧！因此，你應該竭力避免那些好苛
6 求的主人，而去找那些體貼人的主人，做你所能做的事，不做那些自己力量辦不到的事。
無論承擔了什麼任務，總要盡心竭力而為，因為我想，如果你這樣做，你就可以避免受
人家的指責，在困難時容易得到幫助，生活得舒適而安全，到年老無力時得到豐富的贍
養。」

第九章

富有的克里同[1.]訴說他常為告密者所困擾。蘇格拉底向他建議雇用貧寒而熟悉律法的阿赫戴馬斯來為他辯護；這個計畫對雙方都有益處。阿赫戴馬斯也幫助別人，並因此獲得了名聲和酬金。

1

我知道有一次他聽到克里同說，一個安分守己的人[2.]生活在雅典是很困難

---

1. 克里同，見本書第一卷第二章，四十八節注。——譯者
2. 「安分守己的人」原文為「ἀνδρὶ βουλομένος τὰ ἑαυτοῦ πράττειν」，J.S.Watson 譯為「**a man who wished to mind his own business**」，E.C.Marchant譯為「**a man who wanted to mind his own business.**」都是「一個願意照管自己的事情的人」的意思，但按原文，並沒有自私自利的含義，而只是說他奉公守法，幹自己的事，不損害別人，不惹是生非，因此，譯為安分守己，似乎比較符合原文精神。——譯者

的[3]。克里同還補充說，「現在就有人在對我提起訴訟，並不是因為告訴人受了我的什麼損害，而是因為他們以為我會寧願出錢了事而不願引起麻煩。」

2 「克里同，請告訴我，」蘇格拉底說道，「你是不是飼養狗來防止豺狼進到你的羊群來呢？」

「當然飼養，」克里同回答道，「因為飼養狗比不飼養合算。」

「那麼，為什麼不養一個既甘心情願而又有能力的人來防禦那些想侵害你的人呢？」蘇格拉底問。

「如果不是因為怕他會反過來害我，我倒是很願意這樣做的，」克里同回答。

3 「怎麼？」蘇格拉底問道，「難道你看不出一個人討好像你這樣的人從而使自己獲益，比得罪你會更為心情舒暢些嗎？要知道現在這裡就有人把能夠和你結交為朋友當作一件非常光榮的事哩！」

4 這次談話以後，他們找到了阿赫戴馬斯，一個非常善於辭令而又有才幹，然而卻很貧

---

3. 生活在雅典之所以困難，據Schneider 的解釋。是因為當時社會上有一種「告密者」，群眾讓這些告密者去折磨富有階級，因為他們相信這樣做有助於維持民主制。參看補翁古典叢書（色諾芬：《遠征記》和《回憶錄》四二〇頁）。——譯者

窮的人；他不是那種不擇手段，惟利是圖之輩，而是一個善良正直的人，他說，他能夠從告密者那裡把贓物取回來[4]。因此，每當克里同收穫穀物、油、酒、羊毛或任何其他農產品的時候，他總是拿出一部分來送給阿赫戴馬斯，每當他獻祭的時候，他總是請阿赫戴馬
5 斯吃飯，並且在各方面都照顧他。於是阿赫戴馬斯也就把克里同的家當作自己的避難所，對克里同倍加尊敬，並且不久他還發現，那些控告克里同的人們，有許多不法的行為，而且還有許多仇人。他檢舉了他們之中的一個，按照案情，這個人一定要被判刑或處罰
6 金[5]。此人自知有罪，用盡各種方法想逃出阿赫戴馬斯的手，但阿赫戴馬斯則一直等他撤

---

4. 這裡是根據婁卜古典叢書和**Josiah Renick Smith** 的注釋本的希臘文譯出，其原文為：「φιλόχρηστός τε καὶ ἔφη ῥᾷστον εἶναι ἀπὸ τῶν συκοφαντῶν λαμβάνειν」。但補翁叢書和**R.D.C.Robbins** 的注釋本所根據的希臘原文則為：「φιλόχρηστός τε καὶ εὐφυέστερος ὢν ἀπὸ τῶν συκοφαντῶν λαμβάνειν。」譯成中文應為：「他為人誠實而又足智多謀，能夠從告密者那裡把贓物取回來。」又據**Josiah Renick Smith** 的注釋，這裡所謂的「把贓物取回來」是指這些告密者把他們所得到的「不義之財吐出來」而言。另一種意見認為，這裡所謂的「告密者」乃是古代雅典人民為了防止富有的奴隸主階級為非作歹妄圖推翻民主制，實現復辟而特意容許的一些揭發人。從階級觀點來看，蘇格拉底在這裡實際上是幫助富有的奴隸主階級，豢養一些狗腿子來替他們壓榨人民，保住他們的不義之財。——譯者

5. 原文παθεῖν和ἀποτεῖσαι都是法律名詞，παθεῖν意思處體刑，ἀποτεῖσαι是被處罰款。——譯者

回了對克里同的起訴並賠償了克里同的損失才放手。

7 *當阿赫戴馬斯在這件事和其他一些類似的事上獲得成功以後，於是，正像任何一個牧人有了一條好狗，其他的牧人都願意把自己的羊群安置在他的羊群附近，以便得到他的狗的看顧一樣，同樣，克里同的許多朋友也都請求克里同准許他們也請阿赫戴馬斯做他們的保護人。

8 在這方面阿赫戴馬斯是樂意討好克里同的，因此，不僅克里同本人獲得了平安，連他的朋友們也都獲得了平安。如果有任何和阿赫戴馬斯意見不合的人指責他因受了克里同的恩惠而討好他的時候，阿赫戴馬斯會這樣回答他：「哪一樣是可恥的？是接受正直人的優待，並以善意報答他，從而和壞人失和呢，或者加害於高尚善良的人，使他們成為你的仇敵，而和壞人同流合汙結為知己呢？」

從此以後，阿赫戴馬斯就成了克里同的一個朋友並受到了克里同的其他朋友的尊敬。

---

* 此處根據補翁古典叢書另起一段。——譯者

第十章

蘇格拉底勸勉富人狄奧多魯斯幫助他的在極端貧困中的朋友海爾莫蓋尼斯。人們對於一個奴僕的生命尚且知道救護，就更應當努力來救濟一個朋友，因為朋友總是會好好地報答他的恩惠的。

1 我知道他曾和他的一個從者狄奧多魯斯作過如下的談話。

「告訴我，狄奧多魯斯」，蘇格拉底問道，「如果你的一個家奴跑掉了，你是不是要採取措施把他找回來呢？」

2 「當然要的，」他回答，「我還會請別人幫助我，懸賞把他找回來哩。」

「如果你的一個僕人病了，」蘇格拉底繼續問道，「你是不是要照顧他，並請醫生來給他治病，使他不致喪命呢？」

「當然，」他回答。

「如果你的一個朋友，這人比你的僕人對你更為有用，因貧乏而瀕於死亡，難道你以
3 為不值得採取措施來救他的性命嗎？你知道海爾莫蓋尼斯是一個很耿直的人，如果他受到
你的恩惠而不感恩圖報，他將會認為是非常可恥的事。其實，獲得像他這樣的一個甘心樂
意、性情和藹、忠實可靠的助手，不僅能夠做你所吩咐他做的事情，而且還能不待吩咐，
4 主動地給你效力，出主意、做計畫，我以為他的價值是相當於許多僕人的。真正良好的管
家說，當有價值的東西市價最賤的時候就是買進的最好時刻；按情況來說，目前就是以最
低的代價獲得良好朋友的最好時刻。」

5 「你講得很好，蘇格拉底，」狄奧多魯斯說道，「請你叫海爾莫蓋尼斯到我這裡來吧！」

「我絕不這樣做，」蘇格拉底回答道，「照我看來，你請他到你這裡來和你自己到他那裡去至少對你來說是同樣的光榮，因為這樣做對他的好處並不比對你的好處更大。」

6 於是狄奧多魯斯就起身到海爾莫蓋尼斯那裡去，這樣，他並沒有花多大的代價就獲得了一位朋友，這個朋友無論說話行事，都考慮到狄奧多魯斯的利益並求得他的歡心。

第二卷

第一章

蘇格拉底經常勸勉那些熱望擔任公職的人學習所要求於他們的業務。軍事統帥的任務及其責任，一—五節。除了戰術外他還必須知道許多事情，六—十一節。

1

我現在要證明蘇格拉底對於那些企望獲得光榮崗位的人是有重大貢獻的，因為他使他們注意到他們在所尋求的崗位上所應負的責任。

有一次他聽說狄阿奴沙多魯斯[1]來到了城裡[2]，宣稱要傳授做將領的藝術。蘇格拉底

---

1. 狄阿奴沙多魯斯，小亞細亞沿岸愛琴海上的基阿斯島人，此人最初在雅典教授軍事技術，後獻身於詭辯術。——譯者
2. 城指雅典。——譯者

2 注意到和他在一起的人中曾經有一個人想在城邦中獲得這個光榮的崗位。於是他對這個人說道：「青年人，一個人想在城邦裡擔任將領的責任而忽略學習業務的機會，實在是件可恥的事情，這樣的人應該受到城邦的懲罰，遠比一個沒有學過雕刻而竟想簽訂合約為城邦雕像的人所應受的懲罰為多。因為在戰爭的危急時期，整個城邦都被交在將領的手中，如
3 果他成功，整個城邦將會獲得很大益處，如果他失敗，整個城邦都將蒙受極大的損失。因此，一個希望被選派擔任這樣職務的人，如果忽略學習有關的業務，又怎能不受應得的懲罰呢？」

4 這一番話引起了這個人前往學習的興趣。當他學完回來的時候，蘇格拉底開玩笑地說道：「諸位，正像荷馬稱阿加美農[3]『威風凜凜』一樣，現在我們的朋友已經學會了將兵術，難道你們不認為他也更加威風凜凜起來了嗎？正如一個學會了彈七弦琴的人，儘管他還沒有使用這個樂器，就是一個七弦琴師；一個學會了醫療術的人，儘管他還沒有開業，就是一個醫生一樣，儘管還沒有人選舉他率領軍隊，從今以後，這個青年人也就是一個將領了。但對一個缺乏相當知識的人來說，即使全世界的人都選舉他，他也不能因此就是一

---

3. 阿加美農是希臘神話中阿爾加斯王，曾率軍隊攻打特羅亞。——譯者

5 個將領或醫生。」「但是，」蘇格拉底繼續說道，「為了使萬一我們當中有人在你統率下充當營、連長時能有更好的軍事知識起見，請你把他怎樣開始給你講將兵術的情況講給我們聽聽吧。」

「他從頭到尾，教給我的只是戰術，除此以外再沒有別的了，」青年人回答。

6 「但是，」蘇格拉底說道，「這只是將兵術的一小部分罷了；一個將領還必須能夠為戰爭的必要事項進行準備，他必須能夠為部隊取得糧秣，必須是一個足智多謀、精力旺盛、謹慎、懂事、堅忍不拔而又精明強幹的人；和藹而又嚴峻；坦率而又狡詐；善於警惕而又巧於偷襲，揮金如土而又貪得無厭；慷慨大方而又錙銖必較；審慎周詳而又大膽進取[4]，有許多別的品質，有的是天生的也有的是學習得來的，這些品質都是一個想當將領的人所必須具備的。7 當然，懂得戰術也是好的；因為陣營嚴整的軍隊和烏合之眾是大不相同的，正如石、磚、木、瓦，如果亂扔在一起就毫無用處，但如果把那些不易腐朽的材料，也就是說，把石頭和瓦放在底層和上面，而把磚和木放在中間，就能夠建造起有極大

---

4. 按原文ἀσφαλῆ主要是安全沒有危險的意思，但這裡是形容人的，安全是由人審慎提防的結果。——譯者

價值的房子來。」[5]

8 「你比方得很對，蘇格拉底，」青年人說道，「因為在戰爭中必須把最精銳的部隊佈置在前線和後衛，而把最壞的部隊放在中間，使得他們可以被在他們前面的人帶領著並被在他們後面的人推動著前進。」

9 蘇格拉底說道：「如果他曾經教導你怎樣分辨好和壞的部隊的話，那就很好，否則這些課程對你又有什麼用處呢？因為這就和他教你把最好的錢幣放在最前和最後，把最壞的錢幣放在當中，卻不教導你怎樣分辨好錢幣和壞錢幣的方法，同樣的無用。」

「說實在的，」青年人回答道，「他並沒有教給我怎樣分辨好壞部隊的方法，我們只能靠自己來判斷誰是好的、誰是壞的。」

10 「那麼，我們為什麼不考慮一下怎樣在這方面避免錯誤這個問題呢？」蘇格拉底問。

「我很願意這樣，」青年人回答。

「當我們必須奪取一筆款項的時候，」蘇格拉底問道：「正確的辦法豈不是應該把最貪愛錢財的人放在最前列嗎？」

5.《居魯士的教育》vi，3.25也有類似的說法。——譯者

11

「我想是如此。」

「我們對於那些即將面臨危險的人怎麼辨呢？是不是應該把最有榮譽感[6]的人放在最前列？」

「至少，」青年人答道，「他們才是那些為了榮譽而甘冒危險的人；而且他們也並不難於發現，這樣的人到處都很突出，很容易把他們挑出來。」[7]

「但是，」蘇格拉底問道，「他是只教你排列陣容呢，還是也教你為什麼目的以及怎樣運用每一個隊形呢？」

「什麼也沒教。」

---

6. 原文「φιλοτιμοτάτος」意思是「最愛榮譽的人」，Watson 和 Marchant 都把它譯為「most ambitious」。——譯者

7. 補翁古典叢書在這裡有英文譯者的一個附注，譯出以供讀者參考：「根據Schneides, Kichnes和所有其他編者，都是把這段關於愛好榮譽的人容易被發現的話歸之於青年人，但不妨一問的是，這些話和蘇格拉底的性格豈不是更相稱嗎？Sara Fielding 就是大膽地把這些話歸之於蘇格拉底的」（見補翁古典叢書《遠征記》和《回憶錄》四二六頁）。——譯者

「要知道在許多場合下，以同一方式排列陣營或帶領隊伍是不合適的。」[8]

「說實話，他並沒有對我做過這樣的解說。」

「那麼你可以回去問一問他。如果他知道而且還有點廉恥的話，他會因受了你的學費卻沒有把你教好就打發你回去而感到慚愧的。」

---

8. Marchant譯為「在許多情況下要求對戰略和戰術有所變通」。——譯者

第二章

好的將領應為其軍隊的安全、維護和勝利採取措施；他不應只顧到他本人的榮譽，也應顧及全軍的榮譽。

1 有一次他遇到一個被選當將領的人就問他道：「你想，荷馬稱亞加美農為『人民的牧者』是什麼緣故呢？是不是因為正如一個牧者必須照顧到羊群的安全，供給他們的飼料，從而使飼養羊的目的得以完成，同樣，一個將領也應顧及士兵的安全，給他們提供糧秣，使養兵的目的得以完成呢？而且，這樣做的目的就是為了使他們在作戰時可以制敵取勝，
2 獲得更大的快樂。還有，荷馬為什麼稱亞加美農為『一個良好的君王兼英勇的戰士』？

他的意思不是說，如果只是他一個人對敵勇敢作戰，而不能使全體士兵像自己同樣的
勇敢，他就不可能是一個『英勇的戰士』；如果他只顧自己生活得美好而不顧及他所統率
3 的人們的幸福，他就不可能是一個『良好的君王』嗎？人們推舉國王，不是為了使他把自
己照顧得很好，而是為了藉著他使那些推舉他的人得到好處；所有的人們之所以從事戰
爭，都是為了使自己能夠度最美好的生活，他們推舉將領，正是因為認為他們可以領導自
4 己達到這個目的。所以，一個指揮官的責任就是準備執行那些選舉他們為將領的人們的意
見。沒有比發現自己能夠做出這種努力更光榮或發現其反面更可恥的事了。」

就這樣，當蘇格拉底考慮一個好將領的優點的時候，他不考慮他的其他一切品質，只是強調了這一點；一個好的將領必須為他手下的人們的幸福著想。

第三章

騎兵指揮官的責任有二：改善士兵和馬的情況；不把照料馬的責任單單留給士兵，第一—四節。他應如何訓練士兵，並如何使自己取得這樣的資格，第五—十節。他應該培養演說的能力，使自己能夠鼓舞士氣，激發他們的榮譽感，第十一—十四節。

1

我記得蘇格拉底曾經和一個被選為騎兵指揮官[1]的人作了一次談話，其大意如下：

「青年人，」蘇格拉底問道，「你能告訴我你渴望當騎兵指揮官的目的是什麼嗎？我料想絕不是為了在進攻時可以騎馬走在騎兵的前列吧，因為這種光榮是屬於騎射手們的，

1. 據Kühner，當時在雅典有兩個騎兵指揮官，他們都有指揮騎兵的最高權力，但必須服從十將領或步兵指揮官的命令。色諾芬在他的《關於騎兵》一篇文章裡曾經敘述了騎兵指揮官的責任。——譯者

他們甚至騎馬走在指揮官的前面。」

「你說的對，」青年人回答。

「也絕不是為了惹人注目吧，因為連瘋子也可以惹得每個人注目的。」

「你這樣說得也對。」

2 「那麼，你是想在對騎兵進行一番訓練以後，在他具備了更好的戰鬥力的情況下把它交還給城邦[2]，以便在城邦萬一需要騎兵的時候，你作為一個騎兵統帥，可以對城邦有所貢獻？」

「的確如此，」他回答。

「如果你能夠做到這一點，」蘇格拉底繼續道，「這的確是一件好事，但是，你被選擔任的職務，是不是包括指揮馬和騎馬的人在內？」

「是這樣，」青年人回答。

3 「那麼，請你過來先對我們講一講，你打算怎樣使馬匹有所改善？」

「但是，」青年人回答道，「我認為這並不是我的責任，因為我以為每一個人應該當

---

2. Marchant的英譯本在這裡有「When you retire」（當你退休的時候），原文沒有，也沒有加添的必要。——譯者

心他自己的馬匹。」

4 「不過，」蘇格拉底說道，「如果有些士兵帶上陣的馬是腳上有病的或是瘸腿的，或是身體瘦弱的，有一些人的馬是飼養得不好的不能跑路的，還有些人的馬是桀驁不馴不服調度的，還有一些人的馬是非常惡劣完全不聽指揮的，這樣的騎兵對你會有什麼用處呢？率領這樣的隊伍能夠對城邦有所貢獻嗎？」

「你所說的這番話很好，我將盡我力之所及把馬匹照管好，」青年人回答。

5 「你是不是也想設法把人訓練好呢？」蘇格拉底問。

「我一定這樣做。」

「那麼，你首先要訓練他們有更好的騎馬技術？」

「我必得這樣做，使他們萬一被摔下馬來的時候，可以保住自己的性命。」[3]

6 「當你不得不冒險作戰的時候，你是設法把敵人引誘到你自己練兵的沙地上[4]來呢，還是你事先就針對敵人的形勢，在和敵人所佔的地形相類似的地方練兵呢？」

---

3. 原文σῴζοιτο，直譯為「自救」。——譯者

4. 希臘騎兵的操練多半在平坦的沙地上進行，因此，這樣的地方在希臘文就叫作ἀμμόδρομοι（沙場）。——譯者

「後者是個比較好的辦法，」青年人回答。

7 「你是要設法使盡可能多的士兵能夠從馬上拋擲戈矛刺殺敵人嗎？」

「當然，這也是更好的辦法。」

「你曾經考慮過如何砥礪騎兵的士氣，激發他們同仇敵愾的對敵鬥爭精神，使他們能夠英勇殺敵嗎？」

「不管怎樣，我現在就要試著這樣做，」青年人回答。

8 「你曾經考慮過，怎樣說服士兵服從你的命令嗎？不管是馬也好，是士兵也好，儘管他們士氣旺盛，英勇百倍，如果不服從命令，是一點用處也沒有的。」

「你所說的都是實情，但是，蘇格拉底，有什麼最好的方法說服他們服從呢？」

9 「我想，你知道在任何情況下，人們都是甘心服從他們所認為最能指揮他們的人的。在病患中，人們服從他們所認為最好的醫生；在航海中，人們服從他們所認為最好的舵手；在農業中，人們服從他們認為最好的農夫。」

「的確如此，」青年人回答。

「因此，很可能在馬術方面，那些顯得最懂得應當怎樣做的人，人們也就會最願意服從他。」

10 「那麼，蘇格拉底，」青年人問道，「如果我在他們中間顯得是個最好的騎手，單是這一點就足以使他們服從我了嗎？」

「是的，如果你除此而外，還能叫他們深信，服從你對他們來說，是更好而且更安全。」

「我怎能叫他們相信服從我是更好更安全呢？」

「這比你叫他們相信壞事比好事更好，更有益處、容易得多了。」

11 「你的意思是說，一個騎兵將領，除了具備其他資格之外，必須還是一個會演說的人？」

「難道你以為，一個騎兵將領必將是一沉默寡言的人嗎？難道你沒有想過，我們按照
慣例所學得的最好的東西，也就是說，我們所藉以認識生活的一切事物，都是通過語言學
來的；我們所學得的其他一些有用的知識也都是通過語言學得的；最好的教師是最會運用
12 語言的人；懂得最重要道理的人都是最會講話的人嗎？難道你沒有想到過，任何時候，由
我們這個城邦所組織的歌舞團——就如派往德洛斯[5]的歌舞團那樣——都是別的城邦的歌
舞團所無法與之競爭的，而且別的城邦也募集不出像我們這樣的漂亮的人才來嗎？」

---

5. 德洛斯，希臘東南部的群島之一，號稱聖島，島上有亞波羅廟，雅典人每年派一歌舞團前往德洛斯，每五年派一包括歌舞團的代表團，參加為紀念亞波羅而舉行的賽會。——譯者

「你說的是實情，」青年人回答。

13 「然而，雅典人勝過別人的地方並不在於聲音婉轉或身材魁梧，而是在於有雄心壯志，雄心壯志是鼓舞人創立豐功偉業的最大的刺激劑。」

「你說的這話也是實情，」青年人回答。

14 「難道你不認為，」蘇格拉底問道，「如果有人研究改善這裡的騎兵，他們就會在裝備、馬匹、紀律和奮勇迎擊方面大大超過敵人嗎（只要他們認為這樣做可以獲得讚揚和光榮）？」

「這是非常可能的，」青年人回答。

15 「那麼，不要再遲疑了，要勉力以此激勵士兵，這樣，你自己既可獲得好處，全國同胞也可因你受益。」

「我一定要試著這樣做，」青年人回答。

第四章

尼各馬希代斯埋怨雅典人，說自己雖然富有作戰經驗，雅典人卻沒有選他為將領，反倒選了一個沒有作戰經驗的安提斯泰尼斯。蘇格拉底向他說明安提斯泰尼斯雖然沒有率領過軍隊，卻可能具備一個成功的將領所必備的資格。

1 有一次當蘇格拉底看見尼各馬希代斯從選舉回來的時候就問他道，「尼各馬希代斯，誰當選了將領？」

「雅典人還不總是那個老樣子，蘇格拉底，」尼各馬希代斯回答道，「我自從被召服兵役以來，歷盡艱辛[1]，鞠躬盡瘁地盡忠於排長和連長[2]的職務，甚至還在戰爭中負了許

1. 原文*κατατέτριμμαι*，耗盡心力。——譯者
2. 原文*λοχαγῶν καὶ ταξιαρχῶν*，據補翁叢書注*λοχαὸς*相當於排長，管二十五人，*ταξίαρχος*，相當於連長，管一百人。——譯者

多傷（說著把傷疤露給蘇格拉底看），他們卻不選我，反倒選了一個從來沒有參加過重武器步兵作戰，也沒有在騎兵隊伍中有過任何值得注意的建樹的安提斯泰尼斯，這個人什麼也不懂，只曉得要錢。」

2 「這豈不也是一件好事嗎？」蘇格拉底問道，「這樣，他就有可能為士兵提供必需品。」

「不過，」尼各馬希代斯反駁道，「商人也知道怎樣聚斂錢財，但並不能因此說他們就善於帶兵。」

3 「但是，」蘇格拉底說道，「安提斯泰尼斯有好勝心，這對一個將領來說是很有用的。難道你不知道，每逢他擔任歌舞團長[3.]的時候，他的歌舞團總是獲得優勝嗎？」

「這倒是事實，」尼各馬希代斯回答道，「但是帶領一個歌舞團和帶領軍隊並沒有任何共同之處啊。」

4 「然而，」蘇格拉底說道，「儘管安提斯泰尼斯不懂音樂，也不懂教練歌舞團的方法，他卻能夠發現在這兩方面最有才幹的人才。」

---

3. 原文*κεχορήγηκε*，擔任歌舞團長，指雅典民中之富有者，代表其族人，自行出資，籌組歌舞團，以備在祭典時演唱而言。——譯者

「那麼，」尼各馬希代斯說道，「在軍隊裡他也可以找別人來替他調配隊伍，找別人來替他打仗！」

5 「不過，」蘇格拉底回答道，「如果他能夠在軍事上也像在歌舞團那樣，發現並提拔最好的人才，他就很可能在這方面也取得優勝，而且很可能他為了使整個城邦在戰爭中取得勝利，比為了他的家族[4]在歌舞競賽中取得優勝，更樂於花錢哩。」

6 「蘇格拉底，你的意思是說，一個把歌舞團管好的人也就可以把軍隊管好嗎？」

「我的意思是說，不管一個人領導什麼，只要他知道自己所要的是什麼，而且能夠達到這個要求，他就是一個好領導，不管他所領導的是一個歌舞團也好，是一個家庭、城邦或軍隊也好。」

7 尼各馬希代斯說道，「說實在的，我從來沒有想到過會聽你講到一個好的管事者也會成為一個好的將領。」

「那麼，」蘇格拉底說道，「就讓我們把雙方的職務比較一下，看看它們是相同還是相異吧。」

---

4. 按當時雅典共有十大家族。歌舞團的籌款、組織和演出，是以家族的名義，因此，它的成功和光榮也就被認為是其家族的成功和光榮。——譯者

「好極了。」

8 「雙方的責任豈不都是要使那些受他們領導的人甘心服從他們的指揮嗎？」

「一點不錯。」

「雙方的責任豈不都是指派每一個人去做他們最適稱的工作嗎？」

「是這樣。」

「我想，刑罰壞人，獎勵好人，也是雙方的責任吧。」

「完全不錯。」

9 「雙方都使那些受他們指揮的人對他們有好感不也是應該的嗎？」

「當然。」

「你想，雙方是不是都應該爭取同盟者和支援者呢？」

「應該。」

「雙方難道不都是應該愛護自己的資財嗎？」

「那還用說。」

「雙方豈不都應該關心自己的業務並且孜孜不倦地工作？」

10 「所有這一切雙方都是相同的，但作戰卻不然。」尼各馬希代斯回答道。

「雙方都有敵人吧？」蘇格拉底反問。

「肯定是有的。」

「那麼，戰勝敵人，豈不是對雙方都有好處嗎？」

11 「當然，」尼各馬希代斯回答，「但這且不談，作戰既然是必要的，請問善於管理家務對此會有什麼幫助呢？」

12 「幫助正在這裡，而且很大。」蘇格拉底回答，「因為一個善於管理家務的人知道，沒有比戰勝敵人更有利更合算的事了，也沒有比吃敗仗更有損失更不合算的事了，因此，他會竭盡一切力量，想方設法，爭取勝利，會謹慎小心地警戒並提防失敗，當他知道自己準備好，有取勝的可能的時候，他就會以全副力量投入和敵人的戰鬥，尤其重要的是，當他知道自己還未準備好的時候，他就會謹慎提防，避免和敵人交鋒。不要輕視善於管理家務的人，尼各馬希代斯，因為管理個人的事情和管理公眾的事情只是在大小方面有差別，在其他方面彼此是很相類似的；最重要的是兩者都不是不用人就管得好的，而且也並不是個人的事用一種人經管，公眾的事用另一種人經管；管理公眾企業的人所用的人和管理私人企業所用的並不是另一種人而是同樣性情的人，凡是知道怎樣用人的人，無論是私人企業或公共企業都能管理好，而那些不知道怎樣用人的人在兩方面都要失敗。」

第五章

蘇格拉底和小伯里克里斯談論使雅典人恢復他們古代精神和雄心壯志的方法。應該用他們先人的豐功偉業使他們受到激勵，第一－十二節。使他們知道懶惰是他們衰落的根源，第十三節。應當恢復他們先人的制度，或仿效拉開代莫尼人[1]的作法，第十四節。並應對軍事予以極大的重視，第十五－二十五節。怎樣保衛雅典疆土不受敵人的侵犯，第二十六－二十八節。

1. 拉開代莫尼人即斯巴達人。——譯者

1 蘇格拉底有一次在對大伯里克里斯[2]的兒子小伯里克里斯[3]談話的時候說道，「伯里克里斯，我對你說，你現在既然當了將領，我希望城邦在軍事技術方面會更為強大，更為光榮起來，戰勝敵人。」

2 伯里克里斯回答道，「蘇格拉底，我也希望能像你所說的那樣，但怎樣能實現，我卻不知道。」

「你願意和我討論它們，並研究一下怎樣能夠使他們實現嗎？」蘇格拉底問。

「我很願意，」小伯里克里斯回答。

「你知道從人數來說，雅典人並不少於波俄提亞人（*βοιωτός*）嗎？」蘇格拉底問道。

「我知道，」小伯里克里斯回答。

「你想，是能夠從雅典人中或是從波俄提亞人中，選出更多身強力壯的人來呢？」

「我看在這一方面雅典人也不弱。」

「你以為這兩種人中哪一個團結得更好呢？」

---

2. 原文「*ὁ πάνυ περικλῆς*」直譯為「著名的伯里克里斯」。——譯者
3. 這個小伯里克里斯是大伯里克里斯的私生子，當大伯里克里斯的合法的兒子們死去之後，雅典人為了紀念他的功績，選小伯里克里斯為將領，後來因戰爭失利，被處決。——譯者

「我以為是雅典人，因為許多波俄提亞人由於賽比人[4]的貪得無厭對他們很仇恨，但在雅典，我卻看不出這種情況來。」

3 「而且雅典人是最愛好榮譽、最慷慨大度的人，這些美德肯定會使他們為著榮譽和祖國甘冒一切危險而不辭。」

「的確，雅典人民在這些方面是無可訾議的。」

「沒有一個民族能像雅典人那樣為他們祖先的豐功偉業而感到自豪；很多人受到激勵和鼓舞，培養了剛毅果斷的優秀品質，成了勇武有名的人。」

4 「蘇格拉底，你所講的這一切都是真的，但是，你看，自從托爾米戴斯和一千戰士在萊巴底亞[5]以及希派克拉退斯[6]在戴利昂慘遭挫敗以來，雅典人對波俄提亞人的光榮已經

---

4. 賽比是波俄提亞的首都，波俄提亞人仇恨賽比人，即表示波俄提亞人內部不團結。——譯者

5. 萊巴底亞是波俄提亞中部的一個城市。這次戰爭發生在西元前四四七年，當時托爾米戴斯為雅典軍隊的將領，他和他所率領的一千雅典人全被殲滅。——譯者

6. 希派克拉退斯是雅典軍隊的將領。戴利昂戰役發生於西元前四二四年，在這次戰役裡，希派克拉退斯戰死。據希臘地理學家兼歷史家斯特拉本的記載，蘇格拉底本人也曾參加了這次的戰役。——譯者

喪失了，而賽比人[7.]對雅典人的傲慢則滋長了；從前波俄提亞人即使在自己的領土上，未得拉開代莫尼人和其他裴洛帕奈西人（*Πελοποννησίων*）的幫助，也不敢和雅典人迎戰，現在單是他們自己也敢威脅著要向亞底該入侵了，而從前曾蹂躪波俄提亞的雅典人，現在倒害怕起波俄提亞人會把亞底該夷為平地了。」

5 「這種情況我是知道的，」蘇格拉底說，「但我以為對任何一個好的將領來說，這個
城邦的情況倒更為有利；因為自恃會產生疏忽、怠惰和違抗命令，但懼怕則使人更加注
6 意、服從和謹守秩序。在這方面水手們的行動就是一個很好的例證。當他們沒有什麼可怕
的事情的時候，也許他們只是一群烏合之眾，但當他們遇到暴風雨臨頭或戰爭爆發的時
候，不但吩咐他們做什麼他們就做什麼，而且還會像一群歌舞演員那樣，鴉雀無聲地靜聽
領導者的指揮。」

7 「既然他們願意服從指揮，」伯里克里斯說道，「那麼，現在就是應該講一下，怎樣說服他們努力恢復古代精神、榮譽和幸福的時候了。」

---

7. 賽比是波俄提亞的首都，賽比人也就是波俄提亞人，J.S.Watson 的英譯本就直接譯為波俄提亞人，這裡根據原文譯為賽比人。——譯者

8 「如果我們要人們要求已被別人佔有的產業[8.]，」蘇格拉底說道，「促使他們提出這種要求的最有效的方法莫過於向他們證明，這份產業原為他們祖先所有，他們有合法的繼承權；既然我們希望他們有傑出的勇氣，我們就應當向他們證明這種傑出的勇氣原是他們從古就有的，如果他們努力恢復這種勇氣，他們就會成為最英勇的人。」

9 「我們怎能說服他們呢？」

「我想只要我們提醒他們，我們知道，他們最早的祖先，正像他們自己聽說過的一樣，都是最英勇的人。」

10 「你是指凱克拉普斯[9.]和他們的同伴由於他們的英勇，在神明之間所作的裁判而說的

---

8. 原文*χρῆμα*，指人所使用或需要的東西而言，這個詞的複數形有時也作金錢解，E.C.Marchant 的英譯本就是把它譯作「金錢」（money），但根據上下文，譯作「金錢」在這裡似乎並不恰當，這裡把它譯作「產業」是參考J.S.Watson 的英譯並考慮上下文而決定的。Johannes Irmscher 的德譯本譯為「Besitztum」也有財產或產業的意思。——譯者

9. 凱克拉普斯原是埃及人，約在西元前一五五六年，他在亞底該建立了殖民地，他所建立的十二個殖民村莊合併成為一個城就叫作雅典。據說當海神奈普通和戰爭女神米納爾瓦為統治亞底該而爭吵的時候，他曾在他們中間進行裁判。——譯者

嗎？」

「是的，我說的正是這個意思，而且我還指艾銳赫修斯[10.]的誕生和教養[11.]，他那時代和所有臨近大陸的人民發生的戰爭，以及在赫拉克雷代斯的子孫的領導下和裴洛帕奈西人的戰爭以及在泰蘇斯率領下所進行的一切戰爭而言。在所有這些戰爭中他們都證明了自己
11 是那時代的最英勇的人。而且，不瞞你說，我還是指他們的子孫所做的而言。他們生活在我們以前不久，他們不僅憑著自己的力量和整個亞細亞以及一直到馬其頓的歐羅巴霸主們進行了鬥爭（這些霸主們在繼承了他們祖先的大量的權力和資財以外，自己也建立了豐功偉業），而且還和裴洛帕奈西人一道揚威於陸地和海上。人們都說他們遠遠超過了他們同時代的人們。」

「人們的確是這樣說的，」伯里克里斯回答。

12 「因此，儘管希臘人遷出的很多，他們卻仍然住在他們的本土上：許多有權利爭執的人都來求他們仲裁，許多受強暴者欺侮的人們都來求他們的救援。」

---

10. 艾銳赫修斯是雅典的第四個王（一說是第六個王）。——譯者

11. 按原文次序為：「教養和誕生」，這種不按自然順序的敘事法，原是為了強調比較重要和顯著的方面，但考慮到中文似無此必要，故在譯文中按自然順序譯出。——譯者

13 「蘇格拉底，我真奇怪，」伯里克里斯說道，「我們城邦的威力怎麼竟這樣敗落下來。」

「我想，」蘇格拉底回答道，「正如別的人[12]由於過分超群出眾和成績優異而疏忽大意以致落後一樣，雅典人在取得卓越成就之後，也是由於疏忽大意而變得落後了。」

14 「那麼，他們怎樣才能恢復他們原有的威望呢？」

「我看這並沒有什麼神秘之處，」蘇格拉底回答道：「只要他們能夠發現他們的祖先是怎樣行事為人的，而且自己也努力照樣去做，他們的威力就不會比他們祖先的差；或者，如果不這樣做，而能仿效那些現在佔統治地位的人們[13]，照著他們的方式行事為人，

---

12. 所有的古抄本在這裡原文都是ἄλλοι τινές（別人），但Schneider 根據Weiske，Heinz的揣測，改為*ἀθληταί τινές*（某些運動員），因他認為把ἄλλοι τινές和雅典人民對立起來不妥當。《補翁叢書》**J.S.Watson** 的英譯就是根據ἄλλοι τινές譯的，但婁卜叢書以及其他一些版本卻是*ἀθληταί τινές*。中譯者認為ἄλλοι τινές並無不妥之處，相反，根據揣測而篡改原文倒是不足取的，因譯如上。——譯者

13. 「占統治地位的人們」是指拉開代莫尼人而言，色諾芬利用每一機會誇獎拉開代莫尼人（斯巴達人），認為拉開代莫尼的政治體制比雅典的政治體制強。**Watson** 的英譯本把*Προτεύοντας*譯為「**at the head of Greece**」，意思不錯，但因原文並沒有greece一字，中譯文也就沒有加上。——譯者

15 以同樣的細心對待自己的事業，他們的成就就會同樣地好，而且，如果他們更加勤奮，他
們的成就甚至還會更好。」
「你的意思是說我們的城邦距離完善的程度還很遠吧，」伯里克里斯說道，「究竟什
麼時候雅典人才能像拉開代莫尼人那樣尊重他們的前輩呢？他們從他們的父輩起就藐視年
長的人了。或者，什麼時候他們才像拉開代莫尼人那樣鍛鍊身體呢？他們不僅自己不注重
16 健康，而且還嘲笑那些注意健康的人。什麼時候他們才能像拉開代莫尼人那樣服從領袖
呢？他們甚至還以藐視領袖為誇耀哩！什麼時候他們才像拉開代莫尼人那樣同心同德呢？
他們不僅不能互助合作以謀求互利，還互相傷害，彼此嫉妒，比對世上其餘的人更甚。他
們無論在私人或公眾集會中都比任何人更愛爭吵，他們最愛彼此控訴，寧願互相佔便宜也
不願互助互利。他們看待公眾事務就好像和自己無干的別人的事情一樣，然而卻彼此爭吵
著要管理這些事務，甚至還以有力量能夠這樣爭吵為樂。由於這種情況，許多災禍和罪惡
17 就在城邦裡滋長起來了，而大量的仇恨和怨氣也在人民中間發生了；因此，我經常懷著恐
懼的心情，深怕有忍受不了的災禍降臨城邦。」
18 「哦，伯里克里斯，」蘇格拉底說道，「絕不要以為雅典人已經病入膏肓，不可救藥
了。你沒有看到他們在海軍的訓練上是怎樣井然有序，在運動競賽上怎樣服從領導，在服
從歌舞團教練的指導上也絕不亞於任何人嗎？」

19 「這的確是驚人的，」伯里克里斯說道，「這一類的人[14]倒能服從那些在上面領導他們的人，而從人民中挑選出來的、理當是品德優良的步兵和騎兵反倒是最桀驁不馴的人。」

20 「阿萊阿斯·帕各斯[15]的法院怎樣呢？伯里克里斯，」蘇格拉底問道，「難道他們不是由經過考驗的人們所組成的嗎？」

「當然是，」伯里克里斯回答。

「你知道有誰判斷案件和經辦其他事務比他們更好、更合法、更尊嚴、更公正嗎？」

「我找不出他們有什麼毛病，」伯里克里斯回答。

21 「那麼，我們對於雅典人的不遵守紀律，就不必抱失望的心情了，」蘇格拉底說。

「可是，」伯里克里斯說道，「就是在最需要慎重、紀律和服從的軍事上，他們對於

---

14. *τοῖς τοιούτοις*，「這一類的人」，指上述海軍中的水兵等，按這些人在古希臘都是由賤民或奴隸充當的。——譯者

15. 阿萊阿斯·帕各斯，雅典城堡對面的一座小山名，是古雅典最高法院所在地，法院因即名為阿萊阿斯·帕各斯法院，這個法院的成員是由民眾所認可的、操守廉潔的卸任執政官所組成，他們專司審理殺人、縱火、放毒等案件。——譯者

這些竟也不加注意。」
「這可能是由於那些指揮他們的人都是些最缺乏軍事知識的人，」蘇格拉底說，「難
道你沒有注意到，對於豎琴演奏者、合唱演員、舞蹈演員、摔跤家或角鬥家，一個不具備
必要知識的人就不可以妄圖指揮他們嗎？凡能指揮這些人的人都能夠說出他們所擅長的這
22 種技能是跟誰學來的；而我們的大多數將領們卻並沒有經過事先的學習。不過我並不是說
你就是一個這樣的人；因為我以為你能夠說自己是從什麼時候學習將略的，就像你能夠說
出是什麼時候學習摔跤的一樣。而且我還深信，你曾從你的父親那裡學會了並且記住了許
23 多戰爭原理，你也曾從自己所能學到的各方面蒐集了許多對於將領有用的東西。我相信你
總是在努力不使自己在不知不覺中錯過任何對將領有用的東西，如果你發現自己在任何事
上知識不足，你會不吝惜厚聘恭恭敬敬地向那些知道的人求教，使你能夠從他們學到自己
所不知道的東西，從而使他們對你有所裨益。」
24 「蘇格拉底，」伯里克里斯說道，「我看出你說這番話並不是因你認為我已經認真地
注意到這些事情，而是你想使我相信，凡做將領的人必須注意研究這類事情；我完全同意
你的看法。」
25 「伯里克里斯，你曾注意過沒有，」蘇格拉底問道，「在我們國家的邊疆有大山在蜿
蜒伸展著，一直到波俄提亞，從那裡有狹隘而險峻的峽谷通到內地，我們國家的中部有強

固的山脈好像帶子一樣環繞著？」

「的確是這樣。」

26 「你還聽到過沒有，」蘇格拉底問道，「米西亞人和皮西底人[16]佔據著大君[17]國土中的極其強固的地勢，他們擁有輕騎裝備，能夠侵襲大君的領土，肆意加以蹂躪，同時卻能保持自己不受損害？」

「這我也聽過的。」伯里克里斯回答。

27 「如果把雅典青年武裝起來，使他們守衛防護著我們國土的山區，你想他們不會使我們的敵人大受損害而成為我國人民的堅強堡壘嗎？」

「蘇格拉底，」伯里克里斯說道，「我以為所有這些都是非常有益的意見。」

28 「既然你對這些意見感到滿意，你就試著做吧，我的勇敢的朋友；因為你在這方面所取得的任何成就都將會對你自己有光榮，對城邦有好處；如果因為能力有所不及而失敗，對城邦既不會有損失，對你自己也不會有失體面。」

---

16. 米西亞人，皮西底人是小亞細亞的兩個民族。——譯者

17. 大君（*βασιλεύς*）指波斯王而言。——譯者

第六章

蘇格拉底用質問的方法引導非常想望獲得政府職位的青年格老孔[1.]承認自己完全沒有擔任所想望職位的必要知識。接著蘇格拉底說明，一個統治者對於國家事務如果沒有精確的知識，他就不可能對國家有好處，也不可能使自己有光榮。

1

阿里斯通的兒子格老孔還不到二十歲[2.]，由於一心想在城邦政府中做一名領袖向群眾演講，他的親友中沒有一個人能夠制止他，從而使他免於鬧出被人從講壇上拖下來的笑

---

1. 格老孔是柏拉圖的弟弟。和下面的格老孔不同，下面第七章第一節的格老孔是老格老孔，是柏拉圖和這個格老孔的外祖父。——譯者

2. 雅典青年到二十二歲時才可執行公民權。——譯

話；只有蘇格拉底為了哈爾米戴斯和柏拉圖的緣故善意地關懷，並制止了他。

2 有一次在偶然遇到他的時候，蘇格拉底為了使格老孔樂意聽自己的話就攔住他，對他說：「喂，格老孔，你是立定志向想做我們城邦的領袖嗎？」

「我的確是這樣想，蘇格拉底，」格老孔回答道。

「那好極了，如果人間真有什麼好事的話，這又是一樁好事了。因為很顯然，如果你的目的能實現，你想要什麼就會得到什麼；你將能夠幫助你的朋友；為你的家庭揚名，為你的祖國增光；你的名聲首先會傳遍城邦，然後還會傳遍希臘，你也許還會像賽米斯托克勒斯[3.]那樣，在異邦人[4.]中享盛名；你將來無論到哪裡去，都會受到人們的敬仰。」

3 格老孔聽到這番話感到大為高興，於是就欣然留下來了。

蘇格拉底接著說道：「看來很顯然，格老孔，如果你想要受到人們的尊敬，你就必須對城邦有所貢獻？」

「完全是這樣，」格老孔回答。

---

3. 賽米斯托克雷斯是雅典著名的政治家和領袖，曾於撒拉米斯戰勝波斯人。——譯者
4. 異邦人，希臘人把所有的外國人都稱為*βάρβαροι*，英文的野蠻（barbarous）一詞，就是從這個希臘字得來。——譯者

「我以神明的名義請求你，不要向我們隱瞞，而是要告訴我們你打算怎樣開始對城邦做出有益的事來，」蘇格拉底說。

4 但是當格老孔由於考慮應當從哪兒開始而沉默不作聲的時候，蘇格拉底接著又說道，「譬如，當你要促使一個朋友的家庭興旺的時候，你就會想方設法使它更加富裕起來，你是不是也想方設法使城邦富裕起來呢？」

「當然，」格老孔回答。

5 「如果它的稅收更加充足起來，是不是就會變得更加富裕一些呢？」

「很可能是這樣。」

「那麼，請你告訴我，」蘇格拉底說，「目前城邦的稅收是從哪些方面來的，總數共有多少？為了使不足的得以補足，使缺少的可以得到新的來源的彌補，毫無疑問，你對這些問題一定都考慮過了。」

「說實在的，對於這些問題，我還沒有考慮過，」格老孔回答。

6 「如果你在這方面疏忽了，」蘇格拉底說道，「那麼，請你對我們講一講城邦的支出吧。因為很顯然，你一定打算把那些開支過大的項目加以削減。」

「老實說，」格老孔回答道，「我還沒來得及考慮這個問題。」

「那麼，」蘇格拉底說道，「我們只有把使城邦富裕的問題暫時擱一擱了，因為連支出和收入都還不知道，又怎能把這些事照管好呢？」

7 「不過，蘇格拉底，」格老孔說道，「我們可以犧牲敵人來使城邦富裕起來。」

「的確可能這樣，如果我們比敵人強大的話；但是，如果我們比敵人軟弱，就會連自己所有的都丟光。」

「你說的是實話，」格老孔回答。

8 「因此，」蘇格拉底說道，「凡考慮應當同誰作戰的人，就必須知道城邦的力量和對方的力量，如果城邦的力量大於敵人，就可以建議他向敵人進攻，如果城邦的力量不及敵人，就應當勸他謹慎從事。」

「你說的對，」格老孔說。

9 「那麼，」蘇格拉底說道，「就請你首先對我們講一講城邦陸軍和海軍的力量，然後再講一講敵人的力量吧。」

「不，我不能就這麼單憑記憶地[5]告訴你。」

「那麼，」蘇格拉底說道，「如果你已經把它們記下來，就請你把筆記帶來吧，因為我很喜歡聽一聽。」

5. 原文ἀπὸ στόματος脫口而出，即單憑記憶地。——譯者

「老實說，這是辦不到的，因為我還沒有記哩，」格老孔回答。

10 「那麼，」蘇格拉底說道，「我們就把關於考慮作戰的事也暫時擱一擱吧。也許由於這些問題的重大性，而且你又是剛剛開始領導工作，還沒來得及仔細研究它們。但是，關於國防的問題，我想會是你目前所關心的問題，而且你也一定知道有多少防禦工事是佈置的適當，有多少是不適當的，需要多少防禦兵才夠，多少就不夠，而且你也一定會建議，把那些佈置得適當的防禦工事弄得更為強固些，把多餘的拆除掉。」

11 「那還用說[6]，」格老孔回答道，「我建議把它們全部拆除掉，因為他們防禦得這樣地糟，以致我們的財物都從國土上被人私下偷走了。」

「如果把防禦工事拆除了，」蘇格拉底問道，「你想，那不就是授權給人們任意搶劫了嗎？」接著又問道：「你究竟曾經出去察看過沒有呢？換句話說，你怎麼知道防禦得不好呢？」

「憑猜想，」格老孔回答。

「那麼，」蘇格拉底說道，「我們也把這個問題暫時擱一擱，直到我們確實知道，而不是單憑猜想的時候再提建議好嗎？」

---

6. 原文Νὴ δί'，是νὴ Δία的略寫，有強調肯定之意。——譯者

「也許那樣更好。」格老孔回答。

12 「至於銀礦，」蘇格拉底說道，「我相信你一定沒有去過，因而也就無法告訴我們銀礦的稅收現在比從前減少的原因是在什麼地方了。」

「我的確沒有到過那裡，」格老孔說。

「說實在的，」蘇格拉底說道，「據說那裡很不衛生，當有必要討論這個問題的時候，這一點就足以作為你的藉口了。」

「你簡直是在開玩笑，」格老孔抗議道。

13 「不過，我知道有一件事你一定沒有忽略，而是認真地考慮過，這就是：田裡出產的糧食能夠維持城邦居民多少時候的食用？每年糧食的需要量有多大？從而使城邦不致由於你的疏忽在任何時候遭到饑荒，反而由於你對生活必需品的情況有所了解，你就可以給城邦出謀獻策，幫助他，拯救他。」

「你說的這個任務可也太大了，如果連這一類的事也必須照管的話，」格老孔說。

14 「不過，」蘇格拉底說道，「除非一個人弄清楚了自己家庭的一切需要，並且盡心竭力地加以滿足，他就不可能把自己的家治好，城邦的居民既然有一萬多戶，很難對這麼多人的需要同時都加以滿足，為什麼不試一試首先解決一家的需要，這就是說，先從增進你叔父家的福利做起呢？而且他家也真有這種需要啊！如果能夠幫助一家，你就可以著手幫助更多的人家；如果連一家還不能幫助，怎能幫助很多的人家呢？這就好像一個人如果連一塔連得[7]都拿不動，就不必讓他試拿更重的分量，這豈不是很明顯的事嗎？」

15 「不過，」格老孔說道，「只要他肯聽我的勸，我是能夠對叔父的家有所幫助的。」

「怎麼？」蘇格拉底問道，「你連自己的叔父都勸不了，還想希望包括你叔父在內的
16 整個雅典人都聽你的勸嗎？」接著他又說道，「格老孔，要當心，你一心想要出名，可不要弄得適得其反啊！難道你看不出，去說或做自己還不懂的事情是多麼危險嗎？試想一想你所認識的許多別的具有這種性情的人吧，他們明顯的是在說或做自己還不懂的事情，在你看來，像這樣的人，是受到讚揚的多呢？還是遭到譴責的多呢？是被人尊敬的多呢？還
17 是受人輕視的多呢？再想一想那些說自己所懂的事並做自己所懂的事的人吧，我想，你會看出，在所有的事上，凡受到尊敬和讚揚的人都是那些知識最廣博的人，而那些受人的譴
18 責和輕視的人都是那些最無知的人。如果你真想在城邦獲得盛名並受到人的讚揚，就應當努力對你所想要做的事求得最廣泛的知識，因為如果你能在這方面勝過別人，那麼，當你著手處理城邦事務的時候，你會很容易地獲得你所想望的就不足奇怪了。」

---

7. 塔連得（*Τάλαντον*）古希臘重量名，約合我國七十二市斤（與本書前面作為貨幣用的塔連得有別）。——譯者

第七章

蘇格拉底勸勉有才幹的、熟悉公共事務的哈爾米戴斯參加政府工作，免得被人指責為遊手好閒，第一—四節。哈爾米戴斯不信自己有演說才能，蘇格拉底用各種不同的話鼓勵他，第五—九節。

1

當蘇格拉底看到了可尊敬的：遠比當時執政的人們更有本領的格老孔[1]的兒子哈爾米戴斯，卻遲疑不敢向百姓講話，而且畏縮不願管理城邦事務的時候，就對他說道，「喂，哈爾米戴斯，請告訴我，如果有一個人，能夠在競賽中奪取冠冕，從而使自己獲得榮譽，使自己的出生地在希臘國土上更有光榮，卻拒絕參加競賽，你以為這是一種什麼樣的人呢？」

1. 這個格老孔，是老格老孔，是柏拉圖和上述小格老孔的外祖父。——譯者

「我以為他一定是個膽小鬼和懦夫，」哈爾米戴斯說。

2 「如果一個人，」蘇格拉底繼續說道，「能夠管好城邦的事務，增進城邦的福利，而且因此使自己受到尊敬，卻畏縮而不這樣做，把他看作一個懦夫，難道不是很恰當的嗎？」

「也許是，」哈爾米戴斯回答道，「不過，你為什麼這樣問我呢？」

「因我以為，」蘇格拉底回答道，「你所能夠管好的事，你卻畏縮不做，而且這還是你作為一個公民所必須參與的事哩。」

3 「你從哪一樁事上澈底了解到我有這種能力，以致你竟這樣指責我呢？」哈爾米戴斯問。

「在你和管理城邦事務的人們來往的那些社會交際中我就了解到你有這種能力了，」蘇格拉底回答，「因為人們無論什麼時候和你交談，我看到你總是給予他們很好的忠告，而當人們有錯誤的時候，你總是正確地指出了他們的錯誤。」

4 「可是，蘇格拉底，」哈爾米戴斯說道，「私人之間的談話和大庭廣眾之間的爭論不是一回事情呵！」

「不過，一個會數數的人，在大庭廣眾之間數和獨自一個人數都會同樣的準確；那些獨自兒彈琵琶彈得很好的人，在大庭廣眾之間也會彈得同樣的出色，」蘇格拉底說。

5 「但是，難道你看不出害羞和膽怯是人類的天性，當我們在群眾面前的時候他們對我
們的影響比在私人談話的時候大得多嗎？」

6 「我正是要提醒你這件事，」蘇格拉底說道，「在最有智慧的人面前你並沒有感到慚
愧，在最強有力的人面前你也沒有感到害怕，而在最愚昧無知、最微不足道的人面前你倒
害羞得說不出話來了！這些人當中叫你害羞的是擀氈工人（γναφεύς），還是補鞋匠，還
是銅匠，還是農民，還是批發商，還是在市場上斤斤計較賤買貴賣的人們呢？因為整個國
7 民議會都是由這些人組成的。你怎麼能以為自己所做的和那些訓練有素的運動員害怕毫未
受過訓練的門外漢，有任何的區別呢？因為你能夠從容不迫的和那些在城邦佔領導地位的
人們交談，而這些人中有些是瞧不起你的；你比那些管理城邦事務的人們在言談方面也強
得多；然而對於那些從未考慮過管理政務，而且也從來沒有瞧不起你的人們，你竟因為怕
他們的嘲笑就畏縮不敢講話！」

8 「難道你看不出，」哈爾米戴斯問道，「國民議會裡的人們，甚至對於正確的言論也
常常嘲笑嗎？」

9

「但是別的人[2]也是這樣呵！」蘇格拉底說道，「所以，我對你感到驚奇的是，你能夠很容易地對付那些人，而對於這些算不了什麼的人們反倒以為自己無法應付。哦，我的好朋友，不要不認識自己，不要犯大多數人所犯的錯誤；因為儘管許多人急於察看別人的事情，對於他自己的事情卻不肯加以仔細的察看。因此不要忽略這件事情，要努力更多地注意到你自己；不要輕忽城邦的事務，只要力所能及，總要盡力對它們加以改善；因為如果把城邦的事務弄好了，不僅對於別的公民，至少對你的朋友和你自己也有很大的好處。」

2. 別的人（*Οἱ ἕτεροι*），指上文所說那些「最有智慧」、「最有能力」、「管理城邦事務的人們」。——譯者

第八章

蘇格拉底答覆阿里斯提普斯關於辨析善和美的問題時，所運用的方式是向他說明，任何事物的本身都無所謂善惡，而只是在和其他事物聯繫起來時才有善惡可言，第一—三節，任何事物在其本身也無所謂美醜，事物之美必須從其用處方面加以考慮，第四—七節。他的有關房屋的言論也有同樣的意義，第八—十節。

1 當阿里斯提普斯試圖像蘇格拉底從前盤問他自己時那樣地盤問蘇格拉底的時候，蘇格拉底為了使那些和他在一起的人們獲得益處，在回答他的時候，沒有像那些謹防自己的話會被歪曲的人，而是像那些堅決相信，最低限度，自己應當做得正確的人那樣回答了他。

2 阿里斯提普斯問蘇格拉底，知道不知道什麼東西是好的，其用意是，如果蘇格拉底說像飲食、金錢、健康、膂力、膽略之類是好的話，他就可以向他證明，這些東西有時候卻

不是好的。但是，蘇格拉底知道，當有什麼東西引起我們的痛苦的時候，我們總需要用一
3 些東西來制止它，因而就非常巧妙地回答道：「你是問我，什麼東西對熱病是好的嗎？」

「不是，」阿里斯提普斯回答。

「那麼，什麼東西對眼炎是好的嗎？」

「也不是。」

「對飢餓是好的？」

「也不是對飢餓是好的。」

蘇格拉底說道，「你問我知道不知道的，既不是對任何東西是好的，那麼，我只好說，不知道，而且也不想知道。」

4 阿里斯提普斯又問道，「你知道不知道什麼東西是美的？」

蘇格拉底回答道：「美的東西多得很。」

「那麼，他們都是彼此一樣的嗎？」阿里斯提普斯問。

「不然，有些東西彼此極不一樣，」蘇格拉底回答。

「可是，美的東西怎麼能和美的東西不一樣起來呢？」阿里斯提普斯問。

「自然咧，」蘇格拉底回答道，「理由在於，美的摔跤者不同於美的賽跑者；美的防禦用的圓盾和美的便於猛力迅速投擲的標槍也是極不一樣的，」蘇格拉底回答。

5 「這和我問你，知道不知道什麼東西是好的的時候，你所給我的回答一點不同都沒有，」阿里斯提普斯說道。

「難道你以為，」蘇格拉底回答道，「好是一回事，美是另一回事嗎？難道你不知道，對同一事物來說，所有的東西都是既美又好的嗎？首先，德行就不是對某一些東西來說是好的，而對另一些東西來說才是美的。同樣，對同一事物來說，人也是既美又好的；人的身體，對同一事物來說，也是顯得既美而又好，而且，凡人所用的東西，對它們所適用的事物來說，都是既美又好的。」

6 「那麼，一個糞筐也是美的了？」

「當然咧，而且，即使是一個金盾牌也可能是醜的，如果對於其各自的用處來說，前者做得好而後者做得不好的話。」

「難道你是說，同一事物是既美而又醜的嗎？」

7 「的確，我是這麼說——既好而又不好。因為一樁東西對飢餓來說是好的，對熱病來說可能就不好，對賽跑來說是美的東西對摔跤來說，往往可能就是醜的，因為一切事物，對它們所適合的東西來說，都是既美而又好的，而對於它們所不適合的東西，則是既醜而又不好。」

8 當蘇格拉底說，同一所房子可能既美觀而又適用的時候，我以為，他就是在教導我們，應當建造什麼樣的房子。

他是這樣考慮問題的：

「難道一個想要有一所合適的房子的人不應當想方設法，盡可能把它造得使人住在裡面感到最舒暢而又最合用嗎？」

9 這一點一旦被同意了，他就又問，「那麼，把它造得夏天涼爽，冬天暖和，豈不就會令人住在裡面感到很舒暢了嗎？」

當這一點也得到同意的時候，他就又說道，「在一所朝南的房子裡，太陽在冬天照進走廊裡來，但在夏天，則照在我們的頭上，照在屋頂上，從而給我們提供了陰涼。如果這種辦法是很好的話，那麼，我們在造房子的時候，就應當把朝南的部分造得高些，使冬天的陽光不致被遮住，把朝北的部分造得矮些，使它不至受到冷風的襲擊；總而言之，一個
10 人無論什麼時候都能極其愉快地住在裡面，並在其中非常安全地儲藏自己的東西的房子就是最舒適最美好的房子。至於書畫和裝飾品之類，它們給人提供的樂趣倒不如它們減少的

多。」[1]

蘇格拉底說，廟宇和祭壇的最適當的位置是任何一個最容易看得到，而又最僻靜的地方；因為在這樣的光景中祈禱是愉快的，懷著純潔的心情走近這樣的場所也是愉快的。

1. 為什麼書畫和裝飾品給人提供的樂趣倒不如它們減少的樂趣多，歷來學者對此有不同的猜測，有的認為購置這些書畫和裝飾品要浪費大量的金錢，有的認為這些東西給人的麻煩超過它們本身的價值，也有人認為當時有些希臘人為了保護這些書畫和裝飾品不受太陽光線的損害，竟把放置這些東西的房子造得不朝陽光，從而損害了住在裡面的人的健康。究竟哪一種猜測對，現在還無法斷定。——譯者

第九章

蘇格拉底給勇敢、明智、自制、瘋狂、忌妒、懶惰、指揮、幸福下了不同的定義。各人的勇敢並不一樣；可以由運用而增強，第一—三節。明智、自制彼此沒有分別，第四節。正義和其他的德行都是智慧，第五節。明智的對立面就是瘋狂；無知和瘋狂不同，第六—七節。忌妒就是由於想到別人的幸福而感到心中不好受，第八節。懶惰就是不願從事有益的工作，第九節。實際指揮的並不僅是那些擁有指揮之名的君王、首長等人，而是那些知道怎樣指揮的人，第十—十三節。人生的最良好的目的就是把事情做好；把事情做好和投機取巧的區別，第十四—十五節。

1

當他再一次被問勇敢是由教育得來的還是天生就有的時候，蘇格拉底回答：「我以為正如一個人的身體生來就比另一個人的身體強壯，能夠經得住勞苦一樣，一個人的靈魂也

2 可能天生比另一個人的靈魂在對付危險方面更為堅強；因為我注意到：在同一種法律和習俗之下成長起來的人們，在膽量方面是大不相同的。不過我以為，人的一切天生的氣質，在膽量方面，都是可以通過學習和鍛鍊而得到提高的。因為很顯然，斯庫泰人和色雷斯人[1]是不敢拿圓盾和標槍來和拉開代莫人作戰的；而拉開代莫尼人也一定不會願意拿小
3 盾牌和短矛來和色雷斯人交鋒，或拿弓箭和斯庫泰人作戰。我看在所有其他方面，人和人之間也都同樣天生就有所不同，而且也都可以通過勤奮努力而得到很多改進。因此，很顯然，無論是天資比較聰明的人或是天資比較魯鈍的人，如果他們決心要得到值得稱道的成就，都必須勤學苦練才行。」

4 蘇格拉底對於智慧和明智並未加以區別，而是認為，凡是知道並且實行美好的事情，懂得什麼是醜惡的事情而且加以謹慎防範的人，都是既智慧而又明智的人。當有人問他是不是認為那些明知自己應當做什麼而反倒去做相反事情的人也是既智慧而又能自制的人的時候，他回答道：「絕不是，而是認為這樣的人是既不智慧而又不能自制的人，因我以為，所有既智慧而又能自制的人都是寧願盡可能地做對他們最有益的事情，因此，做不義

---

1. 斯庫泰人和色雷斯人是古希臘北方的兩個民族。——譯者

之事的人，我認為都是既無智慧也不明智的人。」

5 蘇格拉底還說：正義和一切其他德行都是智慧。因為正義的事和一切道德的行為都是美而好的；凡認識這些事的人絕不會願意選擇別的事情；凡不認識這些事的人也絕不可能把它們付諸實踐；即使他們試著去做，也是要失敗的。所以，智慧的人總是做美而好的事情，愚昧的人則不可能做美而好的事，即使他們試著去做，也是要失敗的。既然正義的事和其他美而好的事都是道德的行為，很顯然，正義的事和其他一切道德的行為，就都是智慧。

6 蘇格拉底說，瘋狂就是智慧的對立面。但他並沒有把無知認為就是瘋狂。不過，一個人如果不認識自己，把自己所不知道的事以為自己知道，而且相信自己知道，他認為就是很接近於瘋狂了。他說，許多人並不把在大多數人所不知道的事上犯錯誤的人稱為瘋狂的

7 人，而是把那些在大多數人所知道的事上犯了錯誤的人稱為是瘋狂的人。因為如果一個人以為自己非常的高，以致他在經過城門的時候還要彎下腰來，或者以為自己非常有力，以致他竟試著要把房子舉起來，或者試圖做任何人都明知是不可能的其他事情，他們就稱這樣的人是瘋狂的人；但許多人並不把那些在小事上犯錯誤的人稱做瘋狂的人。正如他們把

強烈的慾望稱作愛情，同樣，他們也把重大的智力錯亂[2]稱作瘋狂。

8 在考慮到忌妒的時候，他發現忌妒是一種苦痛，但並不是因朋友的不幸而感到的苦痛，也不是由於敵人的成功而產生的苦痛；他說只有那些因朋友的成功而感到苦痛[3]的人才是好忌妒的人。當有人表示驚異，任何人對於自己所愛的人的成功會感到苦痛的時候，他就提醒他們說，許多人對別人都抱這樣一種心情：當別人遭遇不幸的時候，他們是不能不加聞問的，而總是要解救他們的不幸的，然而對於別人的成功他們卻可能感到不安。聰明的人雖然不會發生這種事情，但對愚人來說，這種情況是經常有的現象。

9 在考慮到懶惰這一問題的時候，蘇格拉底說他發現幾乎所有的人都在做著某種的事情，因為連擲骰子的和小丑們也是在做著某種的事情；但他認為所有這些人都是懶惰的，因為他們都本可能去做一些更好的事情。可是，並沒有人能說不做較好的事去做較壞的事是懶惰，如果有人竟這樣做的話，蘇格拉底認為不能說這是懶惰，只能說是做了一件很不好的事情。

---

2. 原文*παράνοιαι*，是從*παρα*（錯誤）和*νοέω*（知覺、思維）構成。——譯者

3. 原文*ἀνιάω*，有不愉快，不高興，悶悶不樂之意。——譯者

10 蘇格拉底說，君王和統治者並不是那些擁大權、持王笏的人，也不是那些由群眾選舉
出來的人，也不是那些中了簽的人，也不是那些用暴力或者憑欺騙手法取得政權的人，
11 而是那些懂得怎樣統治的人。當有人承認統治者的職責在於發號施令而被統治者的職責
在於服從的時候，他就向他們說明，在一隻船上，懂得「業務」的人是統治者，而船主和所有其他在船上的人都聽命於這個懂得的人；在農業方面，農場主，在疾病方面，有病的人，在體格鍛鍊方面，從事鍛鍊的人，以及其他一切有事需要照管的人，如果他們以為自己懂得的話，都是親自照管，如果自己不懂，他們就不僅服從那些在場而懂得的人，而且，如果懂得的人不在場，他們還會打發人去請他們，以便自己服從他們的領導，做自己當做的事情。他還說明，在紡織方面，婦女統治著男人，因為婦女懂得怎樣紡織，而男人則不懂。

12 如果有任何人反對這些話說，一個暴君[4]就可能拒絕服從說正直話的「臣民」，他就會問道：「既然不服從忠告的人要受到處罰，怎麼能說他可能拒絕服從呢？因為如果有人不服從忠告，他在不服從忠告的事上就一定要犯錯誤，犯錯誤就要受處罰。」

---

4. 原文*Τυράννος*，一譯「僭主」。——譯者

13 如果有人說，暴君可能把進忠告的人處死，蘇格拉底就反駁說，「難道你以為，把自己的最好的戰友處死的人能夠不受處罰嗎？或者，他所受的處罰會是輕微的嗎？你以為做這樣事的人會是安然無恙，或者更可能的是，他會很快地遭到滅亡呢？」

14 當有人問，在他看來，一個人應當努力追求什麼最好的時候，蘇格拉底答道，「應當
努力追求把事情做好。」當再被問道，在他看來，應不應當追求好運氣的時候，他就說
道，「至少在我看來，運氣和行為是完全相反的兩件事情；因為我認為不經追求就獲得了
所需要的東西這是好運氣，而通過勤學和苦練來做好一樁事情，這才是我所謂的把事情
15 做好，那些努力這樣做的人，在我看來，就是在把事情做好的人。」他又說道，「最好而
最為神所鍾愛的人，在農業方面，是那些善於種田的人；在醫藥方面，是那些精於醫道的
人；在政治方面，是那些好的政治家們；至於那些不能把事情做好的人，既沒有任何用
處，也不為神所鍾愛。」

第十章

蘇格拉底希望通過對工匠們談論他們的各種不同的工藝而對他們有所裨益。論繪畫，第一節。論表現完善的美，第二節。論表現內心的感情，第三—五節。論雕塑，第六—八節。論胸甲的優點，第九—十五節。

1

每逢蘇格拉底和那些有技術並且靠技術謀生的人們談話的時候，他對他們也很有用處。

有一次當他進到繪畫師帕拉西阿斯[1]的家裡和他談話的時候，他對他說道，「喂，帕拉西阿斯，難道繪畫不是對於我們所看到的事物的一種表現嗎？無論如何，你們繪畫師

1. 帕拉西阿斯是以弗所的一個名畫家，當時住在雅典，當蘇格拉底和他談話時，他年紀還很輕，大約只有三十歲左右。——譯者

們總是通過色彩來忠實地描繪那些低的和高的、暗的和明的、硬的和軟的、粗糙的和光滑的、新鮮的和古老的〔形形色色的事物的〕。」

「你說的對，」帕拉西阿斯回答。

2 「還有，當你們描繪美的人物形象的時候，由於在一個人的身上不容易在各方面都很完善，你們就從許多人物形象中把那些最美的部分提煉出來，從而使所創造的整個形象顯得極其美麗。」

3 「的確，我們正是這樣做的，」帕拉西阿斯回答。

「那麼，你們是不是也描繪心靈的性格，即那種最扣人心弦、最令人喜悅、最為人所憧憬的最可愛的性格呢？還是這種性格是無法描繪的？」蘇格拉底問。

帕拉西阿斯回答道：「啊，蘇格拉底，怎麼能描繪這種既不可度量，又沒有色彩，也沒有你剛才所說的任何一種性質，而且還完全看不見的東西呢？」

4 「那麼，可不可以從一個人對於別人的眼色裡看出他是喜愛還是仇恨來呢？」蘇格拉底問。

「我想是可以的，」帕拉西阿斯回答。

「那麼，這種情況是不是可以在眼睛上描繪出來呢？」

「當然可以，」帕拉西阿斯回答。

「至於朋友們的好的或壞的情況，在那些關心他們的和不關心他們的人的臉上，你想是不是都有同樣的表情呢？」

「當然不是，」帕拉西阿斯回答道，「因為他們都對朋友們的好情況感到高興，對於他們的壞情況感到憂愁。」

「那麼，能不能把這種情況表現出來呢？」

「當然能夠，」帕拉西阿斯回答。

5 「而且，高尚和寬宏，卑鄙和褊狹，節制和清醒，傲慢和無知，不管一個人是靜止著，還是活動著，都會通過他們的容貌和舉止表現出來。」

「你說得對，」帕拉西阿斯回答。

「這樣一來，這些也都是可以描繪的了？」

「毫無疑問，」帕拉西阿斯回答。

「那麼，你認為人們更喜愛看的是反映美麗、善良和可愛品格的繪畫呢，還是那些表現醜陋、邪惡、可憎形象的繪畫呢？」

「蘇格拉底，這兩者之間的確有很大的區別，」帕拉西阿斯回答。

6 有一次蘇格拉底訪問雕塑家克雷同，在和他談話的時候對他說道，「克雷同，你所雕塑的賽跑家、摔跤家、拳擊家和格鬥家的形象都很美妙，這是我所看得出來而且知道的，不過，那種對觀者來說，最引人入勝的、栩栩如生的神情你是怎樣創造出來的呢？」

7 當克雷同躊躇不決，不能立刻回答的時候蘇格拉底又進一步問道，「是不是由於你使自己的作品酷肖生物的形象，它們才顯得更加生氣勃勃呢？」

「肯定是這樣，」克雷同回答。

「是不是由你隨著身體的不同姿態而產生的各部位的下垂或上舉，擠攏或分開，緊張或鬆弛，都描繪得惟妙惟肖，才使它形態逼真、令人深信不疑呢？」

「完全不錯，」克雷同回答。

8 「對於正在以身體從事某種行動的人們的感情的忠實的描繪，豈不是也會在觀賞者心中產生某種的滿足嗎？」

「這至少是很自然的，」克雷同回答。

「這麼一來，也就應該對於戰鬥者赫然逼人的目光加以描繪並對於勝利者的喜悅的神情加以摹擬了？」

「那是非常必要的，」克雷同回答。

「既然如此，」蘇格拉底說道，「一個雕塑家就應該通過形式把內心的活動表現出來了。」

9 有一次當蘇格拉底訪問胸甲製造者皮斯提阿斯的時候，皮斯提阿斯把造得很好的胸

10 甲指給蘇格拉底看，蘇格拉底說道：「我指著赫拉女神[2]說話，皮斯提阿斯，胸甲是個很巧妙的發明，它把人身需要遮蔽的地方都遮蔽起來，但同時卻不妨礙手的運用。」「不過，」蘇格拉底又補充說道，「皮斯提阿斯，請告訴我，你的胸甲既不比別人造的更結實，也不比別人造的需要花更多的費用，為什麼你要賣得比別人的貴呢？」

「啊，蘇格拉底，這是因為我造的東西比別人的更為適稱，」皮斯提阿斯回答。

「你怎麼表現出它們的適稱來呢，是在尺寸方面呢，還是在重量方面，從而使你可以向人家索取更高的價錢呢？因為我想，如果你把它們造得合用的話，你就不會把它們造得都完全相等或完全一樣。」

「我當然把它們造得合用，因為一個胸甲要是不合用就一點用處也沒有了，」皮斯提阿斯說。

11 「既然如此，人們的身體豈不是有的長得適稱而有的不適稱嗎？」

「的確是這樣，」皮斯提阿斯回答。

「那麼，你怎麼能造出一個合用於身體長得不適稱的人的適稱的胸甲來呢？」

---

2. 赫拉女神是宙斯的妹妹和妻子。希臘收穫神克拉諾斯的長女，Νὴ Τὴν Ἥραν是希臘人強調肯定語氣時的慣用的說法。——譯者

12 「總是要把它造得合用，」皮斯提阿斯說，「因為合用的東西就是適稱的。」

「我想，」蘇格拉底說道，「你所說的適稱，不是就事物的本身來說，而是就其和使
用者的關係來說，正如你可以說一個圓盾或一件短外衣，對於那些合用的人來說就是適稱
的一樣，並且按照你的說法，對於其他事物也有同樣的情形。但是，合用還可能有另外一
13 些不小的好處。」

「蘇格拉底，如果你知道它還有什麼好處，就請你指教指教吧，」皮斯提阿斯說。

「合用的胸甲儘管和不合用的胸甲是同樣的重，也會顯得壓力小一些；因為不合用的胸甲，完全沉沉地吊在肩上，其壓在身體的其他部分上，既很沉重，又非常難受；合用的胸甲，它的重量均勻地分佈在鎖骨、肩膀、上臂、胸、背和腹部，與其說是一個重擔，倒不如說是一個自然的附加物。」

14 「你說的正對，」皮斯提阿斯說道，「我之所以認為我的製品有極大的價值就是因為這個緣故；可是，有些人卻喜歡購買帶花式的和鍍金的胸甲。」

「但是，」蘇格拉底說道，「如果因為這個緣故他們所買到的竟是些不合用的東西，
15 在我看來，他們就是買了一些帶花式的和鍍金的禍害了。不過，」蘇格拉底接著說道，
「由於身體並不總是只有一種姿勢，而是有時彎曲，有時伸直，一個嚴格精確的胸甲又怎
能合用呢？」

「那是不可能的，」皮斯提阿斯回答。

「你的意思是說，」蘇格拉底問道，「合用的並不是嚴格精確的，而是使人用起來不感到難受的？」

「你說得正對，」皮斯提阿斯回答，「蘇格拉底，你理解得完全正確。」

第十一章

1

蘇格拉底訪問賽阿達泰[1]並和她進行了談話，第一—九節。他告訴她，沒有仁愛的和良好的感情流露是不會獲得真正朋友的，第九—十二節。他提醒她，在滿足慾望的同時必須謹防厭膩，第十三—十四節。告別時，蘇格拉底的俏皮話，第十五—十八節。

當時在城裡住著一個名叫賽阿達泰的女人，她是這樣的一個人，無論誰，只要贏得她的歡心，她都會和他發生關係。和蘇格拉底在一起的人中有一個人提到了她，說這個女人美得簡直無法用言語形容，並說畫家們常去給她畫像，只要是在禮貌所容許的範圍內，她

1. 賽阿達泰是當時的一個名妓，據傳說她後來做了雅典著名領袖阿爾克比阿底斯的情婦。阿爾克比阿底斯被殺後，她曾用自己的衣服覆蓋在他的屍體上並將其焚毀。——譯者

總是儘量地把自己的身體顯示給他們看。蘇格拉底說道，「我們必須去看她一眼，因為既然是言語所無法形容的，就絕不是單憑傳聞就可以領會的。」

2 提到這事的人說道，「那就緊緊跟著我來吧。」於是他們就動身朝著賽阿達泰那裡走去，正巧遇到她擺著姿態站在一位畫家面前，他們就觀看了一會兒。

畫家畫完之後，蘇格拉底說道，「諸位[2]，是我們應該因賽阿達泰把自己的美顯示給我們看而更為感激她呢，還是她應該因我們觀看了她而更為感激我們呢？這次展出是對她更有好處，從而她應該感激我們呢，還是這次參觀是對我們更有好處，從而我們應該感激她呢？」

3 有一個人表示，這話說得很有道理。於是蘇格拉底繼續說道，「所以，在現在，她所獲得的好處就是我們對她的讚揚，而在以後，當我們把這事向許多人宣傳開的時候，她還會獲得更多的好處；至於我們呢，在現在，我們已經渴想結識我們所看到的『美人兒』了，我們將會心情激動地離去，等我們走開之後，還不知會多麼想念呢[3]！這事的自然結果是，我們將會成為她的崇拜者，而她則成為我們崇拜的對象。」

---

2. 原文Ὦ ἄνδρες，直譯為「人們啊」。——譯者

3. 原文ποθήσομεν，ποθέω，有「懷念」之意。——譯者

「既然如此，」賽阿達泰說道，「當然是我應該因你們來看我而感激你們了。」

4 這時，蘇格拉底注意到她穿戴著非常昂貴的服飾，和她在一起的母親穿戴得也很不平凡，還有許多打扮得不錯的侍婢，家中的其他擺設也非常富麗堂皇。

「請告訴我，賽阿達泰，你有田產嗎？」蘇格拉底問道。

「我可沒有田產，」賽阿達泰回答。

「也許有房子可以收租吧？」

「也沒有房子，」她回答。

「那麼，有會手藝的奴隸吧？」

「也沒有會手藝的奴隸。」

「那麼，從哪裡來的生活需用呢？」

「如果有人成了我的朋友，願意做好事，他就是我的生活倚仗。」

「賽阿達泰，」蘇格拉底說道，「我指赫拉女神對你說，這種產業好極了，它比獲得
5 一群綿羊、山羊和公牛要強多了。」「不過，」蘇格拉底又接著說道，「你是靠賴運氣，
彷彿朋友會像蒼蠅那樣飛到你跟前來呢，還是用什麼計策吸引他們呢？」

6 「我怎麼能想得出這樣的一個計策來呢？」賽阿達泰問道。

「當然有辦法，」蘇格拉底說道，「這比蜘蛛織網還要方便得多，因為你知道，蜘蛛

是怎樣尋得養生資料的；它們織成纖細的蛛網，把凡落在上面的當作自己的食物。」

7 「難道你也建議我織一個網子不成？」賽阿達泰問道。

「當然，不能認為，不用計謀就能獵獲像朋友這樣一個最有價值的獵物，難道你沒有
注意到獵人為了獵獲價值極微小的野兔，還用許多計謀嗎？由於野兔是在夜間出來找食，
他們就準備有夜間行獵本領的獵犬來追逐它們；由於野兔一到白天就會逃跑躲藏起來，他
8 們就準備另一種獵犬，這種獵犬能夠嗅出野兔從草地到兔穴所留下的氣味而把它們找尋出
來；由於野兔腳步敏捷，很快就會跑得看不見了，他們就準備另一批跑得非常快的獵犬，
以便通過急追而捕獲它們；由於有些野兔甚至還會逃過這些獵犬，他們就在它們逃跑的路
上撒下羅網，使它們奔撞在這些羅網上，腿腳被纏住。」

9 「我怎能用這一類的方法來獵獲朋友呢？」賽阿達泰問道。

「當然能夠，」蘇格拉底回答道，「只要你不是用獵犬而是用一個人去給你尋找那些愛美而又富有的人們，找到之後，再想方設法把他們趕進你的羅網中來。」

「我，我哪裡來的羅網呢？」賽阿達泰問。

10 「當然你有一個咧，而且還很能夠把人纏住哩，這羅網就是你的身體；在身體裡面你
還有一個靈魂，它懂得怎樣以目示意，取悅於人，說什麼話令人高興，它也懂得應該如何
高高興興地款待那些殷勤求愛的人，也懂得怎樣給紈袴子弟餉以閉門羹；它細心照顧身體

虛弱的朋友，向有美好成就的人表示熱情的祝賀，並全心全意地厚待那些熱情關懷你的
人。至於相愛，我相信你是懂得的，它不僅需要有溫柔，而且還需要有一顆真誠善良的
心。你的朋友之所以要討你的歡心，我知道這是因為你不僅用言語，而且還用行為，使他
們對你深為折服。」

「的確，」賽阿達泰說道，「這些計謀我連一個都沒有想到過。」

11 「所以，」蘇格拉底接下去說道，「非常要緊的是，必須按照一個人的性情運用正確
的方法來對待他，因為你絕不能通過武力來獵獲或保住一個朋友，因為朋友是這樣一種動
物，必須善待他，使他感到愉快，他才能被你捉住並向你表示忠誠。」

「你說的是實話，」賽阿達泰說。

12 蘇格拉底接下去說道：「首先你只能要求那些求愛的人做他們極不費力就可以做到的
事情，然後你還要慷慨地還報他們，這樣他們就會向你由衷地表示忠誠，長久地愛你，
13 並儘量地善待你。但如果你等他們向你提出要求的時候才把你的愛情給予他們，他們對你
的感激心情就會最大。因為你看，即使是最美味的食物，如果是在人還不想吃的時候就
給他擺上，也會覺得沒有滋味，如果是在他吃飽的時候給他擺上，甚至還會令他討厭，但
如果是在人們飢餓的時候給人們什麼，那麼，即使是比較粗糲的食物，也會覺著很可口
了。」

14 「我怎能使人對我的愛情感到如飢如渴呢？」賽阿達泰問。

「首先，」蘇格拉底說道，「對於那些已經感到滿足的人，就不要再把你的愛情給他們，也不要使他們想起這件事來，直到他們滿足的心情已經消逝，再度感到有需要的時候，你就以非常正經的談吐和半推半就的姿態對付他們，使他們如飢如渴的心情達於頂點，因為在這樣一個時刻，同樣的賜予比在人還沒有感到那麼迫切需要的時候給他要強得多了。」

15 「那麼，蘇格拉底，」賽阿達泰說道，「你為什麼不和我一道來獵取朋友呢？」

「只要你能說服我，我就一定照辦，」蘇格拉底回答。

「我怎麼能說服你呢？」賽阿達泰問。

「如果你真的需要我，你自己會找出辦法來的，」蘇格拉底說。

「那麼，你常到我這兒來吧，」賽阿達泰說道。

16 蘇格拉底拿自己的悠閒生活開玩笑地說道：「但是，賽阿達泰，我可是個極不容易得到有閒工夫的人。因為有許多私事和公事簡直使我忙得不可開交。我有許多的女朋友[4]，

---

4. 原文Φίλαι（情婦），這是蘇格拉底開玩笑的說法，彷彿賽阿達泰有許多男朋友，他自己也有許多女朋友。——譯者

17 無論白天黑夜，她們都不容許我離開她們。她們向我學習戀愛術[5]和符咒。」

「啊，蘇格拉底，你也懂得這些嗎？」賽阿達泰問。

18 「難道你以為阿帕拉朵拉斯[6]和安提斯泰尼斯一直不離開我是為了什麼別的緣故嗎？凱貝塔和西米阿斯[7]從賽比到我這裡是為了什麼呢？你應該清楚地知道，如果沒有大量的戀愛術、符咒和魔輪[8]，這樣的事是不會發生的。」

「那麼，請把這個魔輪借給我吧，」賽阿達泰說道，「我要首先轉動它，把你吸引到我跟前來。」

「哪裡的話，」蘇格拉底說，「我是不願被你吸引的，你應該到我這裡來。」

「我就到你跟前來，」賽阿達泰說，「可是你要讓我進來呀。」

「只要沒有比你更可愛的人和我在一起，我總會讓你進來的！」蘇格拉底說。

---

5. 原文Φίλτρα，是指任何足以引起愛情的東西而言，這些東西可能是藥品，也可能是其他法術，英語的**philter**（春藥）就是從這個希臘字得來的。——譯者

6. 阿帕拉朵拉斯是一崇拜蘇格拉底的人，他常和蘇格拉底在一起。據柏拉圖記載，蘇格拉底受審和死在獄中時他都在場。——譯者

7. 參看本書第一卷第二章第四十八節，蘇格拉底死時這兩人也在場，凱貝塔即開貝斯。

8. 原文ἴυγξ，魔輪，原是一種鳥名，古代希臘巫者，將其縛於輪上而轉動其輪，據說能使失戀者恢復愛情。——譯者

第十二章

蘇格拉底指出，體育鍛鍊對於身體和精神都有好處，第一—四節。健康和精力旺盛的優點，第五—八節。

1 看到和他在一起的艾皮根奈斯年輕而身體很不好時，蘇格拉底說道：「艾皮根奈斯，你的身體多麼缺乏鍛鍊啊！」

「我本來就不是一個運動員啊，」艾皮根奈斯回答。

2 蘇格拉底反駁道，「那些參加奧林比亞錦標爭奪賽的人，也不見得比你更是運動員啊！難道你以為雅典人隨時可能決定向敵人進行的生死存亡的鬥爭是一件小事嗎？說實在的，有不少人在戰爭的危險中，由於身體虛弱[1]而死去，或者，可恥地偷生，也有許多人

---

1. 原文Καχεξίαν，原指身體的不好習慣，這裡是指身體孱弱而言。英文中的 cachexia，就是這個希臘字的譯音。——譯者

為了同一原因而被人俘虜，而且一旦做了俘虜，他們以後一輩子就要度最難忍受的奴隸生活（如果這是他們的命運的話），或者被迫而陷於最慘重的痛苦之中，為了贖身，付上全部所有還嫌不足，餘下的生活就只好在匱乏與貧困中度過；還有許多人，由於身體孱弱，
3 給自己招來恥辱，被人認為懦夫。你是對於因身體不好而帶來的這些缺點[2]認為是微不足道呢，還是你以為它們是容易忍受呢？在我看來，那些當心身體健康的人所必須忍受的，要比忍受這些痛苦容易並輕鬆得多，難道你以為身體不好比身體健康更為健全，更為有益
4 嗎？還是你輕看身體健康所帶來的那些好處呢？無論從哪方面來說，身體健全的人的成就和身體不好的人的成就都是正相反的；身體健全的人健康而強有力，許多人由於這個緣故在戰爭中光榮地保全了自己，避免了各種危險；許多人救援了朋友，對祖國作出了貢獻，並因此而得到了人們應有的感激，獲得了極大的榮譽和無比的尊重。因此，他們能夠在餘下的一生中愉快地、光榮地生活，並把美好的產業遺留給自己的子孫。

5 「不要因為城邦沒有正式規定軍事訓練，就自己也疏忽起來，而是應該更加注意鍛鍊才是。應當明確知道，無論是任何其他競賽或任何事業，把身體鍛鍊好總不會吃虧的；因

---

2. 原文Έπιτιμίων，刑罰。——譯者

為人們所做的一切事情都是需要用身體的，既然一切事都需要用身體，那麼，盡可能使身
6 體保持最良好的狀態，就是非常必要的了。即使在你認為需用身體最少的思維活動中，誰
不知道有許多人由於健康不良而大大失敗了呢？由於身體不好，健忘、憂鬱、易怒和瘋狂
7 就會經常猛烈襲擊許多人的神智[3]，以致他們把已獲得的知識全部喪失淨盡。但那些身體
健康的人卻有充分的保證，他們不會遭受由於身體不好而遭受的危險，與此相反，由於身體健康倒很可能獲致和身體衰弱完全相反的有益效果。的確，一個有健全理智的人，為了獲得和我上邊所說身體不好的人所遭受的完全相反的結果，還有什麼不能忍受的呢？」

「何況，使得本來可以通過鍛鍊而變得極其美好和矯健的身體竟因自己的疏忽而致孱弱衰老；這也是非常可恥的。但一個疏忽怠惰的人是不會看到這一點的，因為健康的身體通常是不會自發地產生的。」

---

3. 原文*διάνοια*，有思想、智慧、精神等意。——譯者

第十三章

蘇格拉底的幾篇簡短的言論。不應因別人的舉止粗魯而生氣，正如不應因身體上有缺點而生氣一樣，第一節。禁食是醫治厭倦食物的良方，第二節。對飲食不應過分考究，第三節。責罰奴隸的人應當想一想自己是不是應受同樣的責罰，第四節。對旅行者的勸告，第五節。受過體育鍛鍊的人還不如一個奴隸能忍受勞苦是可恥的，第六節。

1

有一次，當一個人因自己向別人敬禮而沒有受到回禮而生氣的時候，蘇格拉底說道：

「這太奇怪了，如果你遇到一個身體醜陋的人你是絕不會生氣的，但遇到一個性情比較粗魯的人你倒難受起來了！」

2 另一個人說他吃東西沒有味道。蘇格拉底說道：「阿庫梅諾斯[1]有一個治這病的好藥方。」當被問道「是什麼方子」的時候，蘇格拉底答道：「停止飲食，因為這麼一來，你就會生活得愉快些、節約些、身體還會好些。」

3 又有一個人說，他在家裡飲用的水是溫的。蘇格拉底說道，「那麼，當你想用溫水沐浴的時候就很方便了。」

「可是，用來沐浴又太涼了，」這個人回答。

「那麼，」蘇格拉底問道，「當你的奴隸們拿它來飲用和沐浴的時候，他們是不是感到不滿意呢？」

「一點也不，」這個人回答，「相反，我對他們為這兩種目的而用水的時候所表現的歡樂神情倒常感到非常的驚異。」

「你家裡的水和阿斯克雷皮阿斯[2]神廟的水哪一種喝起來更溫些呢？」蘇格拉底問。

「是阿斯克雷皮阿斯神廟的水更溫些，」這個人回答。

---

1. 阿庫梅諾斯是當時的一個醫生，也是蘇格拉底的朋友之一。——譯者

2. 阿斯克雷皮阿斯是雅典一位醫藥之神，在這神廟附近有一個溫泉。——譯者

「你家裡的水和阿姆非阿拉斯[3]神廟的水，用來沐浴，哪一種更涼些呢？」蘇格拉底問。

「阿姆非阿拉斯神廟的水更涼些，」這個人回答。

「你在心裡好好衡量一下吧，」蘇格拉底說道，「看來你比奴隸和病人還更難滿意哩。」

4 當一個人非常嚴厲地責罰他的侍從[4]的時候，蘇格拉底問他為什麼這樣苛刻地對待他的僕人。

「因為他既極好吃，又非常愚蠢，既很貪婪又非常懶惰，」這個人回答。

「你考沒考慮過，」蘇格拉底問道，「誰應該多受責打，是你呢，還是你的僕人？」

5 有一個人很怕旅行到奧林比亞去。蘇格拉底問道，「你為什麼怕旅行呢？你豈不是幾乎整天地在家裡走來走去嗎？當你動身往那兒去的時候，你可以先走一程，然後吃早飯，再走一程，然後吃午飯，然後再休息休息。你豈不知道，如果你把五六天的路程合併起來走，你就會很容易地從雅典走到奧林比亞嗎？但早走一天比晚走一天更愜意，因為被迫把

---

3. 阿姆非阿拉斯是賽比斯的一位英雄人物，在他的廟附近也有一泉水。——譯者

4. 指當主人外出時經常跟著伺候主人的一個奴隸。——譯者

6

旅程延長是令人討厭的，但在路上多花一天卻是很容易的事，因此，在一開始緊忙些比在路上緊忙強。」

另一個人說，他由於長途旅行，勞頓得很，蘇格拉底問他背沒背什麼重擔。

「當然沒有，」這個人回答，「我只拿著我的外衣。」

「是你一個人走路呢，還是有一個侍從跟著你？」蘇格拉底問。

「有一個侍從跟著我，」他回答。

「他是空著手呢，還是拿著什麼東西？」蘇格拉底又問。

「當然拿著被褥和其他行李，」這個人回答。

「他走完路程時怎麼樣呢？」蘇格拉底問。

「我看他比我強，」那人回答。

「如果你們倆換一下，你背起他的擔子，你想你會怎樣呢？」蘇格拉底問。

「當然很不好，而且很可能我根本走不動，」那人回答。

「所以，你應當想一想，一個受過教養的人做起事來怎麼能連一個奴僕都不如呢？」

第十四章

蘇格拉底在餐桌上推崇儉樸的談話。在聚餐的時候，客人和客人之間不應在提供的數量和質量方面進行競賽，第一節。淨吃肉菜或很少吃主食的人可以稱之為Ὀψοφάγος（老饕），肉食者，第二—四節。凡一次吃很多道菜的人從各方面來說都是很愚昧的，第五—六節。以清茶淡飯養生的人可以說是真正地Εὐωχεῖσθαι（吃了酒席），第七節。

1

當那些自備食物一同聚餐的人們所帶的肉食有少有多的時候，蘇格拉底總是吩咐僕人們或者把這些少量肉食放在一起或者平均分配給各人一份。因此，那些帶得多的人既然不好意思不從放在一起的菜中進食，也不好意思不依次把他們自己所帶的放在大家面前；他們只好把他們自己所帶的也讓大家共同享用。當他們並不比那些帶得少的人多所享用的時候，他們也就不再花大價錢購買肉食了。

2 當蘇格拉底注意到那些聚餐的人中有一個人放著麵包不吃而單吃肉食的時候——這時人們正在討論著事物的名稱問題，每一種名稱都是由什麼樣的行動而引起的——蘇格拉底就問道：「諸位，我們能說出一個人被稱作老饕[1]是由什麼樣的行動而引起的呢？因為所有的人當他們有麵包的時候都是把肉和麵包一起吃的，但據我所知，並沒有人因此而被稱作老饕。」

3 「但是，」蘇格拉底問道，「如果一個人並不是為了訓練[2]的緣故，只是為了滿足口腹之慾而單單吃肉，不吃麵包，這樣的人是不是可以算是一個老饕呢？」

「『如果這樣的人不是老饕』，那就很難說什麼別的人是老饕了。」

在座的另一個人問道，「那吃很少一點麵包而大量吃肉的人『應該怎樣稱呼他』呢？」

「依我看來，」蘇格拉底說道，「把這樣的人稱作老饕也是公正的，而且，當別人向

---

1. 原文ὀψοφάγος，肉食者。——譯者

2. 原文ἄσκησις，原指運動員的體育鍛鍊而言，當時的運動員為了增強體力，常大量吃肉。——譯者

神祈求豐年的時候，他倒很可以求神給予大量的肉食哩！」

4 那個青年人[3]看出了蘇格拉底的這些話是指他說的，但他並沒有停止吃肉，而只是拿起一塊麵包伴著吃。當蘇格拉底看到這情況的時候，他說道，「你們坐在旁邊的，注意這個人了吧，他是拿麵包就肉吃的呢，還是拿肉就麵包吃呢？」

5 蘇格拉底看到同席中的另一個人拿一塊麵包和各種不同的菜一同嚐著吃的時候，說道：「有什麼吃法比同時吃好多種菜或同時把所有的調味品都塞進肚子裡更為浪費或更足以破壞菜味的嗎？因為這既是把比廚師們所烹製得更多的菜品混在一起，就使得菜價更為昂貴；而且，如果廚師們所做的是對的話，把他們所沒有放在一起烹製的東西混在一
6 起，也是破壞了烹調技術呵。」的確，一個人請來了會做菜的高明廚師，而且，明知自己不懂烹調技術，卻來「任意」改動他們所烹製好的菜餚，這怎能不是可笑的事呢？那些習慣於同時吃多種菜餚的人還有另一個壞處：「因為，當沒有多種菜餚擺在面前的時候，他就會因為缺少所慣有的花樣而感到太簡陋了，但那習慣於用一種菜餚就著一種麵包的人，即使沒有多種菜餚擺上，他也會絲毫不以為苦地安於一種菜餚的享用。」

---

3. 青年人，即二節裡所說聚餐時單吃肉食的人。——譯者

7

蘇格拉底常說，εὐωχεῖσθαι（吃得好）這個詞在雅典人的方言裡只叫作ἐσθιέιν（吃），他認為加上個 εὐ（好）乃是表示我們只應吃那些不使心靈或身體感受痛苦的食物或者難於獲致的食物而已。因此，蘇格拉底常把 εὐωχεῖσθαι 這個詞應用於那些生活得有規律的人們。

第四卷

第一章

蘇格拉底喜歡和青年人交往；他是怎樣鑑別青年人的，他希望青年人受到良好的教育，第一—二節。如果受的教育不好，青年人的意志越堅強，就越容易犯罪，第三—四節。幸福不在於財富，而在於知識，在於做對人類有貢獻的人，並獲得人們的尊敬，第五節。

1

蘇格拉底無論做什麼事情，或在什麼情況下，對人都很有幫助，以致對任何一個肯思考的人來說（即使他只有很平凡的分辨能力），極其明顯的是，沒有什麼比隨時隨地和蘇格拉底交往、言談，更有益處的事了。當他不在我們當中的時候，每逢回想到他，總給那些曾經和他在一起並敬仰他的人帶來不少的益處，因為無論他在輕鬆談笑的時候，或是在嚴肅認真的時候，都對人有幫助[1].

2 蘇格拉底常講他熱愛某某人，但顯然他所愛的並不是那些人的身體方面的年輕貌美，
而是他們的心靈的傾慕美德。他鑑別人的善良品質是通過他們學會他們所注意的事物的速
度，他們對於所學得的事物的記憶能力，以及他們對於學習一切有助於管理好家務、莊
園、城邦和成功地處理人類事物的知識的渴慕程度；因他認為，這樣的人在受了教育之
3 後，不僅他們本身會幸福，管好自己的家務，而且還能使別人和城邦幸福。但蘇格拉底對
待人的方法並不都是一樣的。那些自以為稟賦好而輕視學習的人，他就教導他們：越是稟
賦好的人越需要受教育。他指出：烈性而桀驁不馴的良種馬，如果在小的時候加以馴服，
就會成為最有用、最驍勇的千里馬，但如果不加以馴服，則始終是難以駕御的駑材而已。
品種最優良的、最經得住疲勞的、最善於襲擊野物的獵犬，如果經過良好的訓練，就會最
適於狩獵，而且最有用處，但如不經訓練，就會變得無用、狂暴、而且最不服使喚。同
4 樣，稟賦最優良的、精力最旺盛的、最可能有所成就的人，如果經過教育而學會了他們應
當怎樣做人的話，就能成為最優良、最有用的人，因為他們能夠做出極多、極大的業績

1. 此句直譯為「因為就連他開玩笑的時候，所給人的幫助，也並不亞於他嚴肅認真的時候。」——譯者。

來；但如果沒有受過教育而不學無術的話，那他們就會成為最不好、最有害的人，因為由於不知應該選擇做什麼，就往往會插手於一些罪惡的事情，而且由於狂傲激烈、稟性倔強、難受約束，就會做出很多很大的壞事來。

5 對於那些以財富自誇，認為不需要受教育，財富會成就他們的心願，使他們受到人們的尊敬的人，他就教導他們說道：「只有愚人才會自以為不用學習就能夠分辨什麼是有益的和什麼是有害的事情。也只有愚人才會認為，儘管不能分辨好歹，單憑財富就可以取得自己所想望的並能做出對自己有利的事情。只有呆子才會認為，儘管不能做出對自己有利的事情，但這也就是做得不錯了，而且也就是為自己的一生做了美好的或充分的準備了。只有呆子才會認為，儘管自己一無所知，但由於有財富就會被認為是個有才德的人，或者儘管沒有才德，卻會受到人們的尊敬。」

第二章

如果不受教育，好的稟賦是靠不住的。蘇格拉底給自負的青年尤蘇戴莫斯指出，無論什麼技藝都需要請教師傅，第一—二節。蘇格拉底給他指出，只有愚人才會自以為可以無師自通，第三—五節。受教育對政治藝術的必要性，第六—七節。通過一系列的質問，蘇格拉底迫使尤蘇戴莫斯承認自己的無知和無能，第八—二十三節。自我認識的價值，第二十四—三十節。對尤蘇戴莫斯的進一步的教育，第三十一—四十節。

1

我現在要敘述一下蘇格拉底如何對待那些自以為已經受到了最好的教育並以智慧自誇的人。他聽說綽號「美男子」的尤蘇戴莫斯蒐集了最有名的詩人和詭辯家的大量的作品，並自以為因此就有了超越同時代的人的才智，而且還深信自己會在言談和舉止方面超過所有的人。蘇格拉底聽說他目前由於年輕[1]，還沒有參加集市議會，每逢他想要有所行動的時候，他總是去坐在靠近集市的一家馬具鋪裡，因此，蘇格拉底就常帶著幾個門人到那裡去。

2 當蘇格拉底第一次訪問時有人問他道：「賽米斯托克勒斯[2]與一般國民如此大不相同，以致每當城邦需要偉大人物時，人民總是仰望他，這是因為他和智者交往的緣故呢，還是因為他的自然稟賦特別優異呢？」

蘇格拉底為了促使尤蘇戴莫斯認真注意起見，說道：「如果說，沒有多大價值的工藝，不必經過有本領的師傅指導就會自己精通這一見解是荒謬的，那麼，把像治理城邦這樣最偉大的工作，認為人們會自然而然地[3]做出來，那就更加荒謬了。」

3 又一次訪問時，尤蘇戴莫斯正在場，蘇格拉底看出來他為了避免被人認為自己是在羨慕蘇格拉底的智慧，正在準備從在座的人群中退出去，就說道：「諸位，從我們這位尤蘇

---

1. 一般指在二十歲以下的人。按希臘制度，一個男子必須到二十歲才能在議會中有選舉權和發言權。——譯者
2. 參看本書第二卷第六章第十三節注。——譯者
3. 按原文直譯為「偶然地臨到人們」。——譯者

戴莫斯所專心致意鑽研的事情看來，很顯然，當他長大成人的時候，他對於城邦所提出來討論的問題，是不會不出謀獻策的。我看他已經為他的演講準備好了一篇很好的開場白。為了不使人認為他曾從任何人學到過什麼，這篇開場白一定會這樣開始：

4 『雅典人啊，我從來沒有向任何人學過什麼，即使我聽到過什麼人在言論和行動方面有所擅長，我也從未去找過他們談談；我從來沒有打算過從那些知識淵博的人們中間請誰來做我的老師；恰恰相反，我一直是在避免向任何人學習，甚至也避免給人以任何學習的印象。儘管如此，我卻要按照我所隨便想到的，向你們提出忠告』。」

5 「這篇開場白對於那些想要求城邦派他們擔任醫藥工作的人們倒很合適；他們可以用這樣的詞句來開始：

『雅典人啊，我從來沒有向任何人學過醫術，也沒有找過任何醫生做我的老師；因為我一直在避免向任何醫生學習，甚至也避免給人以一種學習的印象。儘管如此，我還是求你們派給我一個醫生的職務，因為我將試著在以你們為試驗品的過程中進行學習。』」

這一開場白使得所有在座的人都哄笑了起來。

6 當尤蘇戴莫斯顯然已經覺察到蘇格拉底所說的，但卻仍悶聲不響，以為這樣保持沉默，就可以給人以一種謙虛謹慎的印象的時候，蘇格拉底為了使他結束這種偽裝，就說道：「奇怪的是，那些想學豎琴、笛子、騎馬，或熟練任何這一類的事情的人們，對於他們所想學會的技藝，總是毫不間斷地勤學苦練，而且不是單憑自己，還要請教那些公認為最精於此道的人們。他們千方百計，堅持不懈地刻苦鑽研，無論做什麼事都要徵求師傅的意見，以為非如此就不足以有可稱道的成就。然而，在那些立志做成功具有演講和實踐才能的政治家的人們中間，卻有些人以為不必經過準備和鑽研，就可以自動地忽然間取得這
7 些成就。其實很顯然，後者[4]比前者[5]更難成功，因為儘管有許多人從事後一種工作，但成功的卻很少。因此很明顯後者需要更為巨大的艱苦的努力。」

8 在一開始，蘇格拉底講這些話的時候，尤蘇戴莫斯只是聽著，但當蘇格拉底發覺尤蘇戴莫斯比較肯耐心而且比較認真地聽他講話的時候，他就獨自走進馬具鋪裡去，可是，尤蘇戴莫斯也跟著在他旁邊坐下了。於是蘇格拉底對他說道：「尤蘇戴莫斯，請告訴我，聽說你收藏了一大批據說是智者所寫的書，是當真的嗎？」

尤蘇戴莫斯回答道，「蘇格拉底，這一點也不假，而且我正在繼續蒐集著，使它盡可能地多起來哩。」

---

4. 指上文豎琴、笛子、騎馬等。——譯者
5. 指做政治家。——譯者

9 「說實在的」[6]，蘇格拉底說道，「我非常欽佩你不選擇金銀而寧願珍藏智慧；因為很顯然，你認為金銀並不能使人變得更好些，但智者的見解卻能使它們的所有者在德行方面豐富起來。」

尤蘇戴莫斯非常歡喜聽這番話，因為他以為蘇格拉底認為他是在很正確地追求智慧。

10 蘇格拉底看出他對這種誇獎感到很高興，就接下去說道：「尤蘇戴莫斯，你收藏這些書，是想得到什麼樣的好處呢？」

當尤蘇戴莫斯由於考慮怎樣回答這個問題而沉默不語的時候，蘇格拉底問道：「莫非你想當個醫生嗎？因為醫生的著作是很多的啊。」

尤蘇戴莫斯回答道：「不，這不是我幹的事。」

「那麼，莫非你想做個建築師？因為這一行也是需要有本領的人啊。」

「我可沒有這個想法，」尤蘇戴莫斯回答。

---

6. 原文*Νὴ τὴν Ἥραν*，是蘇格拉底愛用的口頭語，意同*Νὴ τὸν Δία*，強調語氣，但一般是女人所用。——譯者

11

「也許你非常想當個優良的量地師[7]，像賽阿朵拉斯[8]那樣？」

「我也不想當量地師，」尤蘇戴莫斯回答。

「也許你想當個天文學家，」蘇格拉底問。

但他對於這一點也否認了，「那麼也許你想當個遊吟詩人？」蘇格拉底問道，「聽說你收藏了荷馬的全部史詩。」

「我可不想當遊吟詩人，」尤蘇戴莫斯回答道，「因為儘管遊吟詩人對史詩非常熟練，但我知道他們本人卻是非常愚蠢。」

蘇格拉底說道：「尤蘇戴莫斯，也許你是希望得到一種治國齊家的本領，既有資格當領導，又能使別人和自己都得好處？」

尤蘇戴莫斯回答道：「蘇格拉底，我非常希望得到這樣的本領。」

蘇格拉底說道，「你所希望得到的，的確是最美妙的本領和最偉大的技能，這是屬於

---

7. 量地師，原文為γεωμέτρης，英譯的幾何學（Geometry）就是從這個希臘字得來，如果在現在，γεωμέτρης就也可譯為幾何學家了。——譯者

8. 賽阿朵拉斯是居蘭尼人，曾教蘇格拉底量地術。見柏拉圖：《泰阿泰德》（嚴群譯：《泰阿泰德，智術之師》一書中譯為德興多羅。商務印書館一九六三年版）。——譯者

帝王的，一般人稱之為帝王之才。」「不過，」蘇格拉底接下去說道，「你考慮過沒有，一個非正義的人能掌握這種才能嗎？」

「我考慮過了，」尤蘇戴莫斯回答，「一個人如果是非正義的，連一個良好的公民也做不了。」

12 「那麼，你是不是已經有了這種才能呢？」蘇格拉底問。

「蘇格拉底，」尤蘇戴莫斯回答道，「我想我的正義並不亞於任何人。」

「一個正義的人，是不是也像工匠一樣，會有所作為呢？」蘇格拉底問。

「當然有，」尤蘇戴莫斯回答。

「那麼，正像一個工匠能夠顯示出他的作為一樣，正義的人們也能列舉出他們的作為來嗎？」

「難道你以為我不能舉出正義的作為來嗎？我當然能夠，而且我也能舉出非正義的作為來，因為我們每天都可以看到並聽到不少這一類的事情。」

13 「那麼，你願意，」蘇格拉底問道，「我們把δ寫在這邊，把α[9]寫在那邊，然後再把

---

9. δ是希臘文δίκαιος（正義）的第一個字母，α是ἄδικος（非正義）的第一個字母。——譯者

我們認為正義的作為寫在δ的下邊，把我們認為非正義的作為寫在α的下邊好嗎？」

「如果你認為需要這些字母，你就這樣做好了，」尤蘇戴莫斯回答。

蘇格拉底照他所建議的寫完了以後，問道，「虛偽是人們中間常有的事，是不是？」

「當然是，」尤蘇戴莫斯回答。

「那麼，我們把它放在兩邊的哪一邊呢？」蘇格拉底問。

「顯然應該放在非正義的一邊。」

「人們彼此之間也有欺騙，是不是？」蘇格拉底問。

「肯定有，」尤蘇戴莫斯回答。

「這應該放在兩邊的哪一邊呢？」

「當然是非正義的一邊。」

「是不是也有做壞事的？」

「也有，」尤蘇戴莫斯回答。

「那麼，奴役人怎麼樣呢？」

「也有。」

「尤蘇戴莫斯，這些事都不能放在正義的一邊了？」

「如果把它們放在正義的一邊那可就是怪事了。」

15

「如果一個被推選當將領的人奴役一個非正義的敵國人民，我們是不是也能說他是非正義呢？」

「當然不能。」

「那麼我們得說他的行為是正義的了？」

「當然。」

「如果他在作戰期間欺騙敵人，怎麼樣呢？」

「這也是正義的，」尤蘇戴莫斯回答。

「如果他偷竊，搶劫他們的財物，他所做的不也是正義的嗎？」

「當然是，不過，一起頭我還以為你所問的都是關於我們的朋友哩，」尤蘇戴莫斯回答。

「那麼，所有我們放在非正義一邊的事，也都可以放在正義的一邊了？」蘇格拉底問。

「好像是這樣。」

16

「既然我們已經這樣放了，我們就應該再給它劃個界線：這一類的事做在敵人身上是正義的，但做在朋友身上，卻是非正義的，對待朋友必須絕對忠誠坦白，你同意嗎？」蘇格拉底問。

「完全同意，」尤蘇戴莫斯回答。

17 蘇格拉底接下去又問道：「如果一個將領看到他的軍隊士氣消沉，就欺騙他們說，援軍快要來了，因此，就制止了士氣的消沉，我們應該把這種欺騙放在兩邊的哪一邊呢？」

「我看應該放在正義的一邊，」尤蘇戴莫斯回答。

「又如一個兒子需要服藥，卻不肯服，父親就騙他，把藥當飯給他吃，而由於用了這欺騙的方法竟使兒子恢復了健康，這種欺騙的行為又應該放在哪一邊呢？」

「我看這也應該放在同一邊，」尤蘇戴莫斯回答。

「又如，一個人因為朋友意氣沮喪，怕他自殺，把他的劍或其他這一類的東西偷去或拿去，這種行為應該放在哪一邊呢？」

「當然，這也應該放在同一邊，」尤蘇戴莫斯回答。

18 蘇格拉底又問道，「你是說，就連對於朋友也不是在無論什麼情況下都應該坦率行事的？」

「的確不是，」尤蘇戴莫斯回答，「如果你准許的話，我寧願收回我已經說過的。」

19 「准許你這樣做是完全必要的，」蘇格拉底說，「因為這比把行為放得不正確要好得多。」「至於那些為了損害朋友而欺騙他們的人（這一點我們也不應棄置而不予以考慮），你想哪一個是比較非正義，是那些有意的呢，還是無意的呢？」

20

「蘇格拉底，我對於我自己的回答再也沒有信心了，因為我先前所說的一切現在看起來都和我當時所想的不一樣了。儘管如此，我還要說，那有意說謊的比起無意說謊的人要更非正義些。」

「那麼，你是不是認為有一種學習和認識正義的方法，正像有一種學習和認識文字的方法呢？」

「我想有。」

「你想哪一個更有學問些，是那有意寫得不正確並念得不準確的人呢，還是那無意之中寫得不正確、念得不準確的人呢？」

「我以為是那有意的人，因為，無論什麼時候，只要他願意，他就能夠做得正確。」

「那麼，那有意寫得不正確的人可能是有學問的人，但那無意寫錯的人則是沒有學問的人？」

「怎能是別樣呢？」

「是那有意說謊騙人的知道正義呢，還是那無意說謊、騙人的人呢？」

「顯然是那有意這樣做的人。」

「那麼你是說，那知道怎樣寫和念的人比那不知道的人更有學問？」

「是的。」

「那麼，那知道正義的人也是比那不知道的更正義些了？」

「似乎是這樣；可是我好像不知道怎麼說才好了。」

21 「但是，一個想說實話而總是說不準的人，當他指路的時候，時而說這條路是向東，時而又說它是向西；當他算帳的時候，時而算得是多，時而又算得是少，你以為這樣的人怎樣呢？」

「很顯然，他以為自己知道的事，其實他並不知道。」

22 「你知道有些人是叫作有奴性的人嗎？」

「知道。」

「這是因為他們有知識呢，還是因為無知？」

「顯然是因為無知。」

「他們得到這樣的稱號，是不是因為他們不知道怎樣打鐵呢？」

「當然不是。」

「那麼，也許是因為不知道怎樣做木匠活？」

「也不是因為那個緣故。」

「那麼，是因為不會做鞋吧？」

「都不是，因為恰好相反，大多數會做這類手藝的人都是些奴顏婢膝的人。」

「那麼，他們得到這種名稱是不是因為他們對於美、善和正義的無知呢？」

「我想是這樣。」

23 「這樣，我們就當用一切方法努力避免做奴顏婢膝的人了。」

「說實在的，蘇格拉底，我曾非常自信自己是一個喜愛研究學問[10]的人，並且還希望，通過這種鑽研，能夠達到一個才德兼備的人所應該具有的造詣；但現在你想想看，當我看到自己費了這麼多的辛苦，連一個最應該知道的問題都回答不出的時候，我對自己該是多麼失望啊！而且我連有什麼別的方法改善這種情況，都還不知道哩。」

24 蘇格拉底說道：「尤蘇戴莫斯，請告訴我，你曾經到過德爾非沒有？」

「去過兩次。」

「你曾經看到在廟牆上刻的『認識你自己』那幾個字嗎？」

「看到過。」

「對於這幾個字你是沒有思考過呢，還是你曾注意過，並且察看過自己是怎樣的人呢？」

---

10. 原文*Φιλοσοφία*，哲學。——譯者

「我的確並沒有想過，我以為對這一切我已經都知道了，因為如果我還不認識自己，就很難說知道任何別的事了。」

25 「但你以為一個人只知道自己的名字，就是認識了他自己呢，還是像那些買馬的人，在沒有察看過馬是馴服還是桀驁，是強壯還是軟弱，是快還是慢，以及駿馬和駑馬之間的其他各方面的好壞情況以前，總不認為自己已經認識了所要認識的馬那樣，必須先察看了自己對於作為人的用處如何，能力如何，才能算是認識自己呢？」

「這樣看來，一個不知道自己能力的人，就是不認識自己了。」

26 「那麼，豈不是很顯然，人們由於認識了自己，就會獲得很多的好處，而由於自我欺騙，就要遭受很多的禍患嗎？因為那些認識自己的人，知道什麼事對於自己合適，並且能夠分辨，自己能做什麼，不能做什麼，而且由於做自己所懂得的事就得到了自己所需要的東西，從而繁榮昌盛，不做自己所不懂的事就不至於犯錯誤，從而避免禍患。而且由於有
27 這種自知之明，他們還能夠鑑別別人，通過和別人交往，獲得幸福，避免禍患。但那些不認識自己，對於自己的才能有錯誤估計的人，對於別的人和別的人類事物也就會有同樣的情況，他們既不知道自己所需要的是什麼，也不知自己所做的是什麼，也不知道他們所
28 與之交往的人是怎樣的人，由於他們對於這一切都沒有正確的認識，他們就不但得不到幸福，反而要陷於禍患。但那些知道自己在做什麼的人，就會在他們所做的事上獲得成功，

受到人們的讚揚和尊敬。那些和他們有同樣認識的人都樂意和他們交往；而那些在實踐中失敗的人則渴望得到他們的忠告，唯他們的馬首是瞻；把自己對於良好事物的希望寄託在
29 他們身上，並且因為這一切而愛他們勝過其他的人。但那些不知道自己做什麼的人們，他們選擇錯誤，所嘗試的事盡歸失敗，不僅在他們自己的事物中遭受損失和責難，而且還因此名譽掃地、遭人嘲笑、過著一種受人蔑視和揶揄的生活。」

「你看，凡是不自量力，去和一個較強的國民交戰的城邦，它們不是變成廢墟，就是淪為奴隸。」

30 「蘇格拉底，你放心吧，我也認為認識自己是很好的事，」尤蘇戴莫斯回答道，「可是，認識自己，應該從哪裡著手呢？我希望你會願意給我詳細講一講。」

31 「那麼，」蘇格拉底問道，「我想你一定知道什麼東西是好和什麼東西是壞吧？」

「當然，」尤蘇戴莫斯回答，「如果我連這一點都不知道，那我就簡直連一個奴隸都不如了。」

「好，那就請你對我講一講吧，」蘇格拉底說。

「這個不難，」尤蘇戴莫斯答道，「首先，我認為健康是好事，疾病是壞事。其次，飲食和生活習慣，作為導致這兩者的原因，凡能導致健康的就是好事，凡導致疾病的就是壞事。」

32 「那麼，」蘇格拉底說，「健康和疾病本身，當它們是好事的原因的時候就該是好事，而當它們是壞事的原因的時候就該是壞事了？」

「但是，」尤蘇戴莫斯問道，「什麼時候健康會成為壞事的原因，疾病倒會成為好事的原因呢？」

「當一部分人由於身體健康參加了遠征，遭到慘敗，或參加海戰，全軍覆沒而喪失生命，但另一部分人由於身體衰弱被留下而得保全，以及其他許多諸如此類的事情，都屬於這種情況。」

「你說得不錯，」尤蘇戴莫斯說道，「但是，你瞧，也有些人由於身體健康而參加了有利的事業，而另一些人由於身體衰弱而向隅的啊。」

「那麼，像這類有時有益，有時有害的事，到底是好事呢，還是壞事呢？」

33 「的確，單憑空論很難說准它們是好事或是壞事。可是，蘇格拉底，無可置辯智慧是一件好事；哪裡有什麼事，一個有智慧的人不能比一個不學無術的人做得更好的呢？」

「怎麼，」蘇格拉底問道，「你沒有聽過戴達洛斯[11]如何由於有智慧被米諾斯囚禁，

---

11. 傳說中古希臘著名發明家，曾為克里新王米洛斯建造迷宮，據云，曾以蠟製的翅膀貼於身上飛翔。——譯者

34

被迫為奴，遠離本土，喪失自由，當他和他的兒子一齊逃跑的時候，不但喪失了兒子，而且連自救也不能，終於被帶到野蠻人那裡，再度淪為奴隸嗎？」

「的確有這種傳說，」尤蘇戴莫斯回答。

「你沒有聽過帕拉梅代斯[12.]所受的苦難嗎？人們經常傳說他如何由於有智慧而遭到俄底修斯的嫉恨並被害死。」

「這種傳說也是有的，」尤蘇戴莫斯回答。

「你知道有多少人由於有智慧而被帶到大君[13.]面前，在那兒過著奴隸的生活嗎？」

「蘇格拉底，」尤蘇戴莫斯說道，「毫無疑問，幸福要算是樁好事了吧。」

「幸福如果不是由有問題的好事構成的，就可以算作好事了，」蘇格拉底說。

「構成幸福的事中，哪些是有問題的好事呢？」尤蘇戴莫斯問。

「如果我們不把美貌、膂力、財富、光榮和諸如此類的事包含在幸福之中，那就沒有有問題的好事了，」蘇格拉底回答。

「但是，」尤蘇戴莫斯說道，「當然我們要把它們包含在幸福之中的，如果沒有這

12. 傳說中古希臘一個非常聰明的發明家，曾因他的聰明遭受到俄底修斯的嫉恨。——譯者

13. 這裡指波斯王，參看第三卷第五章第二十六節。——譯者

些，還成什麼幸福呢？」

35 「那麼，」蘇格拉底說道，「我們就的確是把許多給人類帶來痛苦的事放在幸福之中了。因為有許多人由於美貌而被那些見美傾心的人敗壞了；許多人由於自信體力強大而去嘗試力所不逮的工作就遭到了不少的禍患；許多人由於財富而腐化墮落，遭人陰謀暗算而毀滅了；許多人由於他們的榮譽和政治能力而遭到了極大的災難。」

36 「既然我連稱讚幸福也做得不對，那我就只好承認我真不知道向神明求什麼才好了。」

37 「也許」，蘇格拉底說道，「你由於過分自信已經知道這些事，所以你並沒有對他們作過充分的考慮。但是，你所準備領導的城邦既然是個民主城邦，你總該知道民主（δημοκρατία）是什麼吧！」

「我想，無論如何，這一點總是知道的，」尤蘇戴莫斯回答。

「你想，不知道什麼是民（δῆμος），能夠知道什麼是民主嗎？」

「當然不能。」

「那麼，你以為民是什麼呢？」

38

「我以為民就是國家裡的窮人[14]。」

「那麼，你知道誰是窮人嗎？」

「怎能不知道呢？」

「那麼，你也知道誰是富人嗎？」

「我知道誰是富人像我知道誰是窮人一樣。」

「那麼，你稱哪一類的人為窮人，哪一類的人為富人呢？」

「凡所有不足以滿足其需要的我認為就是窮人，凡所有不僅足夠而且有餘的人都是富人。」

「你曾經注意過沒有，對於有些人來說，他們所有的雖然很少，卻不僅足夠，而且還有富餘，而對於另一些人，所有的雖然很多，卻仍不夠？」

「的確如此，」尤蘇戴莫斯回答道，「你提醒得很對，我知道甚至有些僭主，由於匱乏，而不得不像最窮苦的人一樣，去做違法亂紀的事。」

---

14. 原文 Πένης，本指每日以勞動為生的人而言，應譯為「勞動人民」，但由於蘇格拉底在下面把 *Πένης* 和 *Πλούσιος*（富人）對立而且還把 *Τύραννος*（僭主）也包括在 Πένης 之內，顯然他用的是這詞的轉義，即「窮人」而言。——譯者

39 「既然如此，」蘇格拉底說道，「我們就應當把僭主放在人民之中，而把那些儘管所有不多，但卻善於經營管理的人置於富人之列了。」

尤蘇戴莫斯回答道，「很明顯，由於我自己的無知，我也不得不同意這一點了；我想我最好是靜默不語，因為我簡直什麼都不知道。」於是尤蘇戴莫斯垂頭喪氣地走開了，他很鄙棄自己，認為自己實在是一個奴才。

40 許多被蘇格拉底這樣對待的人都不再到他跟前來了；他認為這些人都是些（不堪造就的）蠢材。但尤蘇戴莫斯認為，要想做一個值得稱道的人，除了盡可能多和蘇格拉底交流外，沒有別的辦法。因此，如果不是萬不得已，他總是不離開他。尤蘇戴莫斯還模仿了蘇格拉底的一些經常的舉動。

當蘇格拉底看到尤蘇戴莫斯有這種情形的時候，就很少再使他感到狼狽，而總是以最簡單、最明確的方式把自己認為他最需要知道的和在實踐方面最有益的事指教他。

第三章

節制或自制以及對神有正確觀念的必要性，第一—二節。神明眷佑世人，第三—九節。其他動物都是神為人而造的，第十節。除了次等動物和人所共有的感官外，神明還賜給人理性和語言，第十一—十二節。我們雖然看不見神，憑他們所做的工作就可以確信他們是存在的，第十三—十四節。因此，應該按照我們的經濟條件敬奉神，第十五—十八節。

1

蘇格拉底並不是急於要求他的從者口才流利，有辦事能力和心思巧妙[1]，而是認為對他們來說，首先必需的是自制[2]；因他認為，如果只有這些才能而沒有自制，那就只能多

1. 原文μηχανικός，這個詞當名詞用時為工匠，ἡ μηχανική。——譯者
2. 原文σωφροσύνη，這個詞有自制、節制、健全理智、清醒等意。——譯者

行不義和多作惡事罷了。

[2] 首先，蘇格拉底努力使他的弟子們在神明面前保持自制。當他對別人講這事時和他在一起的人們有些已經描述過他的談話了，以下是他和尤蘇戴莫斯談論時我親自聽到的。

[3] 「尤蘇戴莫斯，請告訴我，」蘇格拉底說道，「你曾經考慮過神明是如何為供給人們的需要而操心嗎？」

「沒有，我從來沒有想到過，」尤蘇戴莫斯回答。

「但是，」蘇格拉底說道，「你一定知道我們首先需要的光，正是神明把它供給我們的吧？」

「這當然知道，如果沒有光，我們的眼睛就像瞎子一樣了，」尤蘇戴莫斯回答。

「在另一方面，由於我們還需要休息，神明就把最好的休息時間黑夜供給我們。」

「這的確也是值得我們感謝的，」尤蘇戴莫斯回答。

[4] 「白天由於太陽的光輝，我們可以分辨時辰並判明其他一切事物；而黑夜由於昏暗，什麼都分辨不清，神明豈不是使星星在夜間照耀，使我們能分辨夜更時分，並因而能做許多必要的事嗎？」

「是這樣。」

「還有，月亮不僅給我們劃分了黑夜，而且還給我們劃分了月令。」

「的確如此，」尤蘇戴莫斯回答。

5 「此外，由於我們需要糧食，神明就使田地給我們出產糧食，並且給我們提供了適宜於生產糧食的季節，不僅使我們所需要的得到豐富多彩的供應，而且還使我們賞心悅目，你對這一切是怎樣看法呢？」

「的確，這一切表現了對於人類的關懷，」尤蘇戴莫斯回答。

6 「神明還把對我們極有價值的水供給我們，它和土地與季節一起，使一切對我們有用的東西生長繁殖，給我們提供營養，當水和我們的食物混合起來的時候，就使這些食物更容易消化，更有益處並更為適口，而且，由於我們需用水很多，神明就毫不吝惜地供給我們。你對這一切又是怎樣看法呢？」

「這也表示了神明的先見之明。」尤蘇戴莫斯回答。

7 「神明還把火供給了我們，即使我們免於受冷，又使我們免於黑暗，火對於一切工藝都有幫助，對於人類為自己所策劃的一切也都有益處。總而言之，人類為了保全生命所策劃的一切有益的事情，若不借助於火，就毫無價值可言。對於這，你又是如何想法呢？」

「這更進一步表現了對於人類的關懷，」尤蘇戴莫斯回答。

8 「神明毫不吝惜地使空氣到處環繞著我們，不僅保全和維持了生命，而且我們還能借助於它漂洋渡海到別處去，在外國購買貨物，這豈不是難以言語形容的恩賜嗎？」

「的確是難以形容的恩賜。」[3]

「還有，當冬至以後，太陽轉回的時候，隨著它的接近，使一些植物成熟，卻使另一些成熟期已過的植物枯萎，在完成了這些事以後，就不再向我們接近，而是掉轉離開我們，彷彿深怕向我們提供的熱量超過了我們的需要會傷害我們似的；在他再度遠離我們的過程中，到了很明顯，如果再遠一些我們就會因寒冷而凍僵的時候，他就會再度轉向我們，接近我們，它總是在天空中對我們最有益的部位旋轉著，你對於這種情況又是怎樣看法呢？」

「的確，」尤蘇戴莫斯回答道，「這一切似乎都是為了人類的緣故而發生的。」

「還有，既然很明顯，如果這種事突然出現，不論是熱或是冷我們一定都受不了，因

9

---

3. 這兩段話，一般希臘原本和譯本都沒有，只有補翁古典叢書的英譯本有，據說只見於一種抄本，Kühner認為是偽作，這裡的譯文是根據紐約，D.Appleton and Company，一八七二年版，Xenophen's Memorabilia of Socrates, with notes and introduction by R.D.C. Robbins 的希臘文譯出。因一般版本沒有，特將原文抄錄如下：[τὸ δὲ καὶ ἀέρα ἡμὶν ἀφθόνως οὕτω πανταχοῦ διαχῦσαι, οὐ μόνονπρόμαχου καὶ σύντρεφον ξωῆς, ἀλλὰ καὶ πελάγη περᾶν δι' αυτοῦ καὶ τὰἐπιτήδεια ἄλλους ἀλλαχόθ' καὶ ἐν ἀλλυδαπ ῇ στελλομένους ποριζεσθαι, πῶς οὐχ ὑπὲρ λόγον;—'Ανέκφραστον. ——譯者

此，太陽接近我們，總是逐漸的[4]，離開我們也是逐漸的，使我們不知不覺地就到了冷或熱的頂點，你對於這種情況又是怎樣看法呢？」

「我，」尤蘇戴莫斯回答道，「懷疑神明除了為人類服務以外，還做什麼別的工作。惟一令我感到為難的一點是其他生物也和人類共用這種好處。」

10 蘇格拉底回答道，「其他生物的成長也是為了人類，這一點難道還不是很清楚嗎？有什麼其他生物像人這樣從山羊、綿羊、馬、牛、驢和其他動物身上得到許多的好處呢？我以為，人類從這些動物身上得到的好處要比從果品上得到的多。至少他從前者所得到的在營養和貿易方面的好處並不比後者少。許多人都不是用田間出產的果品當食物，而是靠從牲畜身上得來的奶、乾酪和肉類來維持生活；所有的人都馴服並飼養有用的牲畜，用它們的戰爭和其他許多方面來為自己服務。」

「在這方面我也同意你所說的，」尤蘇戴莫斯說道，「因為我看到許多比我們強大的動物，對人竟如此地馴服，以致人可以隨意地使喚它們。」

11 「還有，由於美好和有用的事物很多，而且它們都各不相同，神明就賦予人和各種事

4. 原文 Κατὰ μικρόν，直譯為「一點一點的」。——譯者

物相適應的感官，使得通過這些感官，我們能夠享受各種美好的東西；此外，神明又把推
理能力培植在我們心裡，使我們通過這種推理能力對我們的感覺對象進行推理並把它們記
在心裡，從而明確地知道每一事物給我們提供些什麼樣的好處，並且想出許多方法來享受
12 那些美好的事物，避免那些不好的事物。此外，神明還把表述能力賜予我們，通過這種表
述能力我們可以用教導的方法，使別人也和我們一同分享所有好的事物，制定法律，管理
國家。你對這一切又是怎樣想法呢？」

「蘇格拉底，看來神明的確是為了關懷人類而做了許多工作。」

「由於我們不可能預先知道在將來什麼事對我們有利，神明就通過占卜術來協助我們，把事物的結局向求問的人宣示明白，教導他們怎樣做就會產生最好的效果。你對於這又是怎樣看法呢？」

「蘇格拉底，」尤蘇戴莫斯說道，「看來神明對你比對別人更為友好，因為他們不待求問就把你應當做什麼和不應當做什麼預先告訴你。」

13 「如果你不是期待看到神的形象，而是以看到神的作為就敬畏和尊崇他們為滿足，你
就會知道我所說的都是真話。要想一想，神明自己已經把這一點指示我們了。因為別的

14

神[5]在把好東西賜給我們的時候都不是以明顯可見的方式把它們賜給我們的，惟有那位安排和維繫著整個宇宙的神（一切美好善良的東西都在這個宇宙裡頭），他使宇宙永遠保持完整無損、純潔無疵、永不衰老、適於為人類服務，宇宙服從著神比思想還快，而且毫無誤失。這位神本身是由於他的偉大作為而顯示出來的，但他管理宇宙的形象卻是我們看不到的。還要想一想，即使對於眾人都極其明顯的太陽，也是不讓人對它本身作精確的窺視的。如果有人輕率地去凝視它，它就會使他喪失視力，還有，神的僕役們也是看不見的。閃電從天上發出來是看得見的，它落在所有他所打擊的人身上，但它的來到，打擊和離去都是看不見的。風本身是看不見的，但它的作為對我們卻是顯然的，它的來臨，我們也覺察得出來。尤其是人的靈魂，比人的其他一切更具有神性，靈魂在我們裡面統治著一切是顯然的，但它本身卻是看不見的。」

「考慮到這一切，我們就不應當輕看那些看不見的事物，而是應當從它們的表現上體會出它們的能力來，從而對神明[6]存敬畏的心。」

---

5. 原文ἄλλοι，複數，顯然蘇格拉底是個多神主義者。——譯者
6. 這裡的原文是「*Τὸ δαιμόνιον*，」通常蘇格拉底用這個詞來表示他的守護神，但在這裡則是指一般的神明而言。——譯者

15 「蘇格拉底，」尤蘇戴莫斯說道，「我的確知道，對於神明我是絲毫也不敢怠慢的，但當我一想到沒有人能夠對於神明的恩惠作出足夠的報答的時候，我就洩氣了。」

16 「尤蘇戴莫斯，不要洩氣，」蘇格拉底說道，「你知道住在德爾非的神對於人們向他提出的『怎樣討神的喜悅？』這個問題的答覆是：遵從城邦的風俗。但我想，一切地方的風俗都是：按照自己的能力向神明獻上和解的祭品。所以，有什麼比按照他們自己所吩咐的做，能夠更好地並更虔誠地表示對於神明的尊重呢？不過，重要的是，所獻的不應當低
17 於自己的能力。因為任何人如果這樣做，那就是很明顯地不尊重神明了。凡是盡力尊重神的人都要高興振奮起來，等待神最大的祝福，除了等待那最能幫助我們的神，我們還能等待什麼別的人賜予我們更大的祝福呢？除了討神的喜悅，再也沒有別的辦法了。除了最大限度地服從神，還有什麼更能討他們喜悅的事呢？」

18 就這樣，蘇格拉底通過自己的言論和行為，使那些和他在一起的人生活得更為虔誠，更有節制。

第四章

蘇格拉底諄諄教導門徒要熱愛正義。他以自己的行為給他們留下了堅持正義的榜樣，第一—四節。他和一個智者希皮阿斯談話，第四—九節。空談正義不如躬行正義，第十—十一節。服從法律是正義的一部分；法律是什麼？第十二—十四節。誰是國家的最好的長官，第十五節。普遍地遵守法律就能維持和諧一致，第十六—十八節。有些不成文法，如果違犯了就不能不受懲罰，第十九—二十四節。遵守神的律法就是正義，第二十五節。

1 關於正義，蘇格拉底並不隱瞞自己的看法，而總是通過他的行為把自己的心意顯示出
來。在他的私人生活方面，他嚴格遵守法律並熱情幫助別人；在公眾生活方面，在法律所
規定的一切事上他都服從首長的領導，無論是在國內或是從軍遠征，他都以嚴格遵守紀律
2 而顯著地高出於別人之上。當他做議會主席的時候，他不讓群眾做出違反法律的決議來，

3 為了維護法律，他抵抗了別人所無法忍受的來自群眾的攻擊。當三十僭主命令他做違背法律的事的時候，他曾拒絕服從他們。當他們禁止他同青年人談話並吩咐他和另外一些公民
4 把一個人帶去處死的時候，只有他一個人因這個命令與法律不合而拒絕執行[1]。當他因米利托斯[2]的指控而受審的時候，別的被告都習慣於在庭上說討好法官的話，違法地去諂媚他們、乞求他們，許多人常常由於這種做法而獲得了法官的釋放，但蘇格拉底在受審的時候卻絕不肯做任何違法的事情，儘管如果他稍微適當地從俗一點，就可以被法官釋放，但他卻寧願守法而死，也不願違法偷生。

5 當他和別人談話的時候他就是常常這樣說的，我知道有一次他和艾利斯人希皮阿斯[3]談論正義的時候就是這樣。當希皮阿斯在離開雅典一個時期以後又回來的時候，他碰到蘇格拉底正在對人講論著：如果一個人要某人去學鞋匠、或木匠、或銅匠、或騎馬，毫無問

---

1. 指賴昂而言，賴昂是撒拉米出身的一個富有的雅典公民，為了避免三十僭主而逃回撒拉米，僭主們吩附蘇格拉底和另四個公民到撒拉米去把他帶來處死，另四個人服從了，只有蘇格拉底拒不執行。——譯者。
2. 米利托斯是控訴蘇格拉底的主要人物。——譯者
3. 希皮阿斯是當時一個有名的智者，柏拉圖的著作裡常提到他。——譯者

題，他知道應當派他到什麼地方去學；（甚至有人還說，如果有任何人要使他的馬和牛受到正確的訓練的話）會訓練的人也到處皆是[4]。奇怪的是，當一個人自己或使他的兒子或家奴去學習正義的時候，卻不知道到哪裡去學。

6 當希皮阿斯聽到這話的時候，就似乎開玩笑地說道：「蘇格拉底，你還是在講我老早以前就聽過的那老一套嗎？」

蘇格拉底回答道，「是的，希皮阿斯，我講的不僅是老一套，比這更奇怪的是，我還是講同一個題目哩！但也許由於你是見多識廣的人，你是不會對同一題目作同樣講述的。」

「的確，」希皮阿斯回答，「我總是企圖講點新鮮的東西。」

7 「是不是對於你所確實知道的事情，例如，關於字母，如果有人問你Σωκράτης（蘇格拉底）這個詞裡有多少和哪些字母，你現在的回答也是和從前不一樣呢？或者關於算術，如果有人問你二五是否得十，你現在的回答也和從前不一樣嗎？」

「蘇格拉底，」希皮阿斯回答道，「關於這些，我也和你一樣，總是講一樣的話，但

---

4. 括弧裡的原文，有些學者認為是後人偽作。——譯者

是關於正義，我准知道我現在所能說的是你或任何別的人所無法反駁的。」

8 「的確，」蘇格拉底說道，「你所發現的是一件很大的好事，這麼一來，法官們再也不會[5]作出相反的判斷，公民們再也不會爭執什麼是正義，也不會打官司，不會爭吵了，國與國之間再也不會為權利而引起糾紛並進行戰爭了；在我還未聽到你這麼一個偉大的發明之前，我真不知道怎麼能夠和你分手。」

9 「可是，我說老實話，」希皮阿斯說道，「在你沒有把自己對於正義的看法講出之前，你是聽不到的；你總是在嘲笑著別人，質問、駁斥著每一個人，這已經夠了，而你自己卻不肯把理由告訴任何人，無論關於什麼事都不肯把自己的意見說出來。」

10 「怎麼？希皮阿斯！」蘇格拉底說道，「我從來也沒有停止表示過我自己對於正義的看法，難道你沒有覺察到嗎？」

「你這算是什麼一種理由呢？」

「如果說，」蘇格拉底回答道，「我沒有藉著言論，至少我已藉著行為把我的看法表示出來了，難道你不認為，行為比言論更有憑信的價值嗎？」

---

5. 原文*Παύω*，停止。——譯者

「當然行為比言論更可憑信得多，」希皮阿斯回答，「因為有許多講論正義的人，所做的卻是非正義的事；而一個躬行正義的人則絕不可能是個不義的人。」

11 「那麼，你在任何時候覺察到我做過假見證、或誹謗過什麼人，或在朋友或同胞之間挑起爭論，或做過任何其他不義的事嗎？」

「沒有，」希皮阿斯回答。

「難道你不認為，不行不義就是正義嗎？」

「很顯然，蘇格拉底，」希皮阿斯說道，「就連現在，你仍在規避著把自己對於正義的看法表示出來；因為你所說的，並不是正義的人做什麼，而是他們不做什麼。」

12 蘇格拉底回答道，「我認為，不願行不義的事就足以證明其為正義。不過，如果你認為這還不夠，那麼，看看下面所說的是不是會使你更滿意些：我說守法就是正義。」

「蘇格拉底，你的意思是說，守法與正義是同一回事嗎？」

「我是這個意思，」蘇格拉底回答。

13 「我不懂[6]你所說的守法是什麼意思，也不懂你所說的正義是什麼意思。」

6. 原文 αἰσθάνομαι，知覺、看出、懂得。——譯者

「你知道『城邦的律法』嗎？」蘇格拉底問。

「我知道，」希皮阿斯回答。

「你認為它們有什麼意義呢？」

「它們是公民們一致制定的協議，規定他們應該做什麼和不應該[7]做什麼。」

「那麼，」蘇格拉底說道，「那些按照這些律法行事為人的人豈不就是守法的，而那些不按照這些律法做的人就是違法的嗎？」

「完全正確，」希皮阿斯回答。

「那麼，守法的人豈不就是行正義，而違法的人豈不就是行不義嗎？」

「的確是這樣。」

「那麼，這豈不是行正義的人就是正義，行不義的人就是不義嗎？」

「怎麼能不是這樣呢？」

「這樣看來，守法的人就是正義，而違法的人就是不義了。」

「但是，蘇格拉底，」希皮阿斯反問道，「既然制定這些法律的人們自身就常常廢棄

7. 原文 ἀπέχεσθαι，避免。——譯者

或修改法律，人們又怎能把這些法律或把遵守這些法律看得具有真正的重要性呢？」

「可是，」蘇格拉底說道，「城邦在進行戰爭之後，也是常常講和的啊！」

「那當然，」希皮阿斯回答。

「既然如此，那麼，因法律可能被廢棄而輕看那些遵守法律的人和因和平可能恢復而責怪那些英勇作戰的人，你以為這兩者之間有什麼不同嗎？難道你當真想譴責那些為支援祖國而投身於戰鬥中的人們嗎？」

「當然不是，」希皮阿斯回答。

15 「你考慮過沒有，」蘇格拉底問道，「拉開代莫尼人盧庫格斯[8]如果不是在斯巴達最牢固地建立了守法精神，他就不可能使斯巴達和別的城邦有什麼不同嗎？你難道不知道，那些最能使人民守法的城邦領導人是最好的領導人，那些擁有最守法的人民的城邦，在和
16 平時期生活得最幸福，在戰爭時期是不可抵抗的嗎？而且，對城邦來說，同心協力是最大的幸福！這樣的城邦的議會和首長們經常勸導他們的人民要同心協力。在希臘到處都有要求人民立誓同心協力的律法，而到處人們也都在立誓這樣做。但我認為，其所以這樣做的原因，既不是為了讓人民選擇同一歌詠隊，也不是為了讓他們讚賞同一個笛子吹奏者，

---

8. 古斯巴達的立法者，約生於紀元前八世紀。——譯者

也不是為了使他們都歡喜同一個詩人，也不是為了使他們都欣賞同一種事物，而是為了使
他們都遵守律法；因為凡人民遵守律法的城邦就最強大，最幸福，但如果沒有同心協力，
17 任何城邦也治理不好，任何家庭也管理不好。作為一個人民，除了遵守律法，還有什麼方
法能夠使自己少受城邦的懲罰、多得到國人的尊敬呢？還有什麼方法能夠使自己在法庭上
少遭失敗、多獲得勝利呢？人們願意信任並把自己的錢財或子女託付給誰呢？除了按法律
行事的人以外，全城邦的人還能認誰是更值得信任的呢？父母、親屬、家奴、朋友、同胞
或異鄉人能夠從誰的手裡更可靠地得到公正的待遇呢？敵人在停戰、締約或和談時寧願信
任誰呢？除了遵守律法的人以外，人們會願意做誰的同盟者呢？同盟者又寧願信任誰為領
袖、為要塞或城鎮的統帥呢？除了遵守律法的人以外，人們還能指望誰更會受恩必報呢？
除了那些被認為會報恩的人以外，人們又寧願向誰施恩呢？除了這樣的人以外，人們還寧
願做誰的朋友，不做誰的敵人呢？除了自己所渴望締交、避免結仇和那些極大多數人都願
做他的朋友和同盟者，只有極少數反對者和敵人以外，人們還能更不願對誰作戰呢？」

18 「因此，希皮阿斯，我說守法和正義是同一回事；如果你有什麼相反的意見，那就請
指教吧！」

「說實話，蘇格拉底，」希皮阿斯回答道，「對你所談關於正義的話，我並沒有什麼
相反的意見。」

19 「希皮阿斯，」蘇格拉底問道，「你知道什麼是不成文法嗎？」

「那是到處都一致遵守的律法。」

「那麼，」蘇格拉底問道，「你能說這些律法是人類為自己制定的嗎？」

「那怎麼能呢？」希皮阿斯回答道，「因為人類是不可能都聚集到一起的，而且也不是都說同一種語言啊。」

「那麼，你想這些律法是誰制定的呢？」蘇格拉底問。

「我想，」希皮阿斯回答道，「這些律法是神明為人類制定的，因為所有的人類都以敬畏神為第一條律法。」

20 「到處豈不是也有一條孝敬父母的律法嗎？」

「是這樣。」

「父母不可與子女結婚，子女也不可與父母結婚豈不也是一條嗎？」

「蘇格拉底，」希皮阿斯回答道，「我還看不出這是神所制定的一條律法。」

「為什麼呢？」蘇格拉底問。

「因為我注意到有些人違犯了這條律法，」希皮阿斯回答。

21 「他們還違犯許多別的律法哩，」蘇格拉底說，「不過，違犯神所制定的律法的人是無法逃避刑罰的；不像有些人違背了人所制定的律法，卻能利用藏躲或暴力，逃避刑罰。」

22 「但是，蘇格拉底，」希皮阿斯問道，「父母與子女，子女與父母結婚，所不能逃避的是什麼樣的刑罰呢？」

「當然是最大的刑罰了，」蘇格拉底回答，「因為對生育子女的人來說，有什麼刑罰比生育不好的子女更大呢？」

23 「他們為什麼必然生不好的子女呢？」希皮阿斯問道，「如果任何阻礙沒有——他們自己是好人，生子女的對方也是好人？」

「因為，」蘇格拉底回答道，「不僅生子女的雙方都須是好人，他們還必須都是體力旺盛的人；難道你以為體力旺盛的人的子孫和那些還未到體力旺盛年齡或者已經過了體力旺盛年齡的人的子孫都是一樣的嗎？」

「當然不會是一樣的，」希皮阿斯回答。

「那麼，哪一個是更好呢？」蘇格拉底問。

「顯然是體力旺盛的人的子女，」希皮阿斯回答。

「那麼，體力不旺盛的人的子女精神一定不會飽滿了？」

「的確，大有可能，」希皮阿斯回答。

「那麼，這樣的人是不應該有子女的了？」

「是不應該，」希皮阿斯回答。

「那麼，這樣生出的子女是他們不應該生的了？」

「我看是這樣，」希皮阿斯回答。

「既然如此，如果不是這些人有不好的子女，還會是什麼別人呢？」

「在這一點上我也同意你的意見，」希皮阿斯說。

24 「還有，以德報德，豈不也是到處都承認的一條律法嗎？」

「是的，不過這條律法人們也違犯了，」希皮阿斯說。

「那些違犯這條律法的人，豈不是遭受喪失好的朋友和不得不求告那些恨自己的人的刑罰嗎？那些善待熟人的人豈不就是好的朋友、那些受恩不報的人豈不是因為忘恩負義而被人所恨嗎？但是，由於和善待自己的人結交對他們有極大的好處，他們豈不是仍然會竭盡全力追求這樣的人嗎？」

「的確，蘇格拉底，」希皮阿斯說道，「所有這一切似乎都是由神來的，因為在我看來，凡是其本身就給違犯的人帶來刑罰的律法，一定是由比人更好的立法者所制定的。」

25 「那麼，希皮阿斯，你以為正義的律法和非正義的律法哪一個是由神所制定的呢？」

「非正義的律法當然不是由神所制定的，」希皮阿斯回答，「因為如果神不制定正義的律法就很難有什麼別的人制定這樣的律法。」

「這樣看來，神也是喜歡把正義和守法看為是同一回事了。」

就是這樣，通過言論和實踐，蘇格拉底使得那些到他跟前的人成了比較正義的人。

第五章

蘇格拉底使他的門人更有實踐能力。自制的必要性，第一—二節。不自制的壞處，第三—七節。自制的好處，第八—十節。自制的人的行為，第十一—十二節。

1 我現在要進一步敘述蘇格拉底如何使那些和他交遊的人更有實踐能力。他認為，對於
任何希望有高尚成就的人來說，自制都是必要的，因此，首先他使那些和他交遊的人清楚
地看出，在所有人當中，他自己對這方面是躬行實踐的。然後，他又藉著他的言論勸勉他
2 的門人，要他們把自制看得比什麼都更重要[1]。他既經常不斷地把那些有助於德行的事記
在自己心中，又以此提醒他的所有門人。我知道有一次他曾和尤蘇戴莫斯作過關於自制的

---

1. 此處分段是以婁卜古典叢書為準，和Watson略有出入。——譯者

如下的談話：

「尤蘇戴莫斯，請告訴我，」蘇格拉底說道，「你以為自由對於個人和城邦都是高貴而且美好的財產嗎？」

「我以為確實是這樣，」尤蘇戴莫斯回答。

3 「那麼，你以為那受身體的情慾支配，因而不能做那最好的事情的人是自由的人嗎？」

「絕不是，」尤蘇戴莫斯回答。

「也許，在你看來，能夠做最好的事情就是自由，從而受到阻礙，不能去做這類事情，就是沒有自由了？」

「的確是這樣，」尤蘇戴莫斯回答。

4 「那麼，在你看來，凡不能自制的人，的確就是沒有自由的嗎？」

「自然如此。」

「可是，你以為，那些不能自制的人是僅僅受阻擋不去做最好的事呢，還是也被迫去做那些最無恥的事呢？」

「在我看來，」尤蘇戴莫斯回答道，「他們既受阻不去做最好的事，也被迫去做那些最無恥的事。」[2]

5 「你以為，那阻擋人去做最好的事，同時還強迫人去做最壞的事的是什麼樣的主人呢？」

「當然是最壞的主人了，」尤蘇戴莫斯回答。

「你以為什麼樣的奴隸是最壞的奴隸呢？」

「我以為那些受制於最壞的主人的人就是最壞的奴隸，」尤蘇戴莫斯說。

「這樣看來，那不能自制的人就是最壞的奴隸了？」

「我想是如此，」尤蘇戴莫斯回答。

6 「智慧就是最大的善，你豈不認為，不能自制就使智慧和人遠離，並驅使人走向其相反的方向嗎？你豈不認為，由於不能自制使人對於快樂留連忘返，常常使那些本來能分辨好壞的人感覺遲鈍，以致他們不但不去選擇較好的事，反而選擇較壞的事，從而就阻礙了人們對於有用事物的注意和學習嗎？」

「是有這樣的情況，」尤蘇戴莫斯回答。

---

2. 此句如按原文直譯為：「他們被迫去做後者，一點也不亞於他們受阻不去做前者。」——譯者

7 「尤蘇戴莫斯，我們試想一想，有什麼比不能自制的人對於健全理智更不相稱的呢？因我以為健全理智和不能自制兩者的行為是恰好相反的。」

「這我也同意，」尤蘇戴莫斯回答。

「你想還有什麼比不能自制更能攔阻人對於正當事物的注意呢？」

「我想沒有了，」尤蘇戴莫斯回答。

「令人寧願選擇有害的事而不願選擇有益的事，寧願忽略有益的事反而注意有害的事，並且還迫使人去做和健全理智相違反的事，你想有什麼比這對人更不好的事嗎？」

「沒有，」尤蘇戴莫斯回答。

8 「自制給人產生的效果和不自制的效果正相反，豈不是很自然的事嗎？」

「當然是這樣，」尤蘇戴莫斯回答。

「那麼，產生這種相反效果的原因，對人來說，就是一大好事了？」

「確是如此，」尤蘇戴莫斯回答。

「這樣看來，尤蘇戴莫斯，自制對於人就是一大好事了？」

「很可以這樣說，蘇格拉底，」尤蘇戴莫斯回答。

9 「尤蘇戴莫斯，你曾經考慮過沒有……？」

「考慮什麼？」

「就是，儘管人們認為，不自制給人帶來的惟一東西就是快樂，其實，它並不能做到這一點，惟有自制才能給人帶來最大的快樂。」

「這是怎麼講呢？」尤蘇戴莫斯問。

「因為，不能自制就不能忍饑、耐渴、克制情慾、忍受瞌睡，而這一切正是吃、喝、性交、休息、睡眠之所以有樂趣的原因；在經過了一段期待和克制之後，這些事才能給人最大的快樂，而不能自制則恰恰阻礙了人們對於這種值得稱道的最必要的最經常的樂趣的享受。惟有自制能使人忍受我所講的這一切，因此，惟有自制才能使人享受我所提到的這些值得稱道的快樂。」

「你說的這一切都是實話，」尤蘇戴莫斯說。

10 「在另一方面，學習高尚和美好的事情，研究那些能以使人維護好自己的身體、治理好自己的家庭、有益於朋友和城邦，並且有制服敵人的本領——這一切不僅有益，而且還能產生最大的快樂——能自制的人在實踐這一切的同時，也就享受了其中的樂趣，但不能自制的人卻什麼也分享不著。我們試想一想，有誰會比那些由於一心一意追求眼前的快樂，因而最少把這些付諸實踐的人，更不適於享受它們呢？」

11 「蘇格拉底，」尤蘇戴莫斯說道，「我以為你好像在說，那些貪圖身體的快樂的人，對於任何德行都是無分的。」

12

「尤蘇戴莫斯，」蘇格拉底回答道，「一個不能自制的人和最愚蠢的牲畜有什麼分別呢？那不重視最美好的事情，只是竭盡全力追求最大快感的人，和最蠢笨的牲畜有什麼不同呢？只有能自制的人才會重視實際生活中最美好的事情，對事物進行甄別，並且通過言語和行為，選擇好的，避免壞的。」

蘇格拉底說，必須這樣，才能成為最高尚的、最幸福的和最有推理能力的人。他還說，*διαλέγεσθαι*（推理）這個詞就是由於人們聚在一起，共同討論，接著事物的性質進行*διαλέγοντας*（甄別）[3]而得來的。因此，有必要做最大的努力使自己準備好，對這進行充分的研究；因為這會使人成為最高尚的、最能領導人的和最能推理的人。

---

3. *διαλέγεσθαι*、*διαλέγοντας*都是由*διαλέγω*衍變而來，原有挑選、會談、甄別、推理等義，西方語言中的辯證法一詞，就是由這個詞得來。——譯者

第六章

熟練論證和定義的價值，第一節。虔誠的定義，第二—四節。正義的定義，第五—六節。智慧的定義，第七節。善與美的定義，第八—九節。勇敢的定義，第十—十一節。幾個其他的定義，第十二節。對蘇格拉底論證方法的評述，第十三—十五節。

1 蘇格拉底如何使他的門人更善於推理，我將試圖加以論述。蘇格拉底認為，凡懂得各種事物的不同性質的人，一定也能夠把它們向別人說明。至於那些不懂得事物的不同性質的人，他認為這些人自己失敗，並且使別人失敗都是不足怪的。因此，他總是永不止息地和他的門人一同考察事物的不同性質。

詳細論述他所下的一切定義工作量太大了，我將把我所認為足以說明他考慮事情的方法的事例儘量加以闡述。

2 首先，關於虔誠（εὐσεβεία），他的看法大致如下：

「尤蘇戴莫斯，」他說，「請告訴我，你以為虔誠是一種什麼樣的事情呢？」

「當然是最美好的事情，」尤蘇戴莫斯回答。

「你能說出什麼樣的人是虔誠的人嗎？」

「我以為，」尤蘇戴莫斯回答道，「就是那敬神的人。」

「人可以按照自己的意願隨便敬神嗎？」

「不可以，必須按照一定的律法來敬神。」

3 「那麼，那些知道這些律法的人就知道怎樣敬神了？」

「我想是這樣，」尤蘇戴莫斯回答。

「那麼，那些知道應當怎樣敬神的人，豈不是也知道他不應當以不同於自己所知道的方法來敬神嗎？」

「當然他知道不應當這樣，」尤蘇戴莫斯回答。

「但是，是不是有人以不同於他自己所知道應該的方式敬神呢？」

「我想沒有，」尤蘇戴莫斯回答。

4 「那麼，知道什麼對於神是合法的人，是不是按合法的方式敬神呢？」

「當然。」

「那麼，按照合法的方式敬神的人就是按照應該的方式敬神了？」

「怎能不是這樣呢？」

「按照應該的方式敬神的人就是虔誠的人？」

「當然。」

「那麼，我們可以把虔誠的人正確地定義為凡知道什麼對於神是合法的人了？」

「我想是這樣，」尤蘇戴莫斯回答。

「在對待人這一方面，是不是可以隨著自己所願意的那樣做呢？」

「不可以，因為在這方面也有合法（與否）的問題。」[1.]

1. 這一句J.S.Watson的英譯文是：「No; but with respect to men also,he who knows what is in conformity with the laws,and how men ought, according to them,to conduct themselves towards each other, will be an observer of the laws.」（不可以，因為對待人也是一樣，凡知道什麼是合法的，並且知道根據律法，人們應該怎樣彼此對待的人，就會是一個守法的人。）這是因為他是根據了另一個抄本，這個抄本的原文為：「O ὔκ ἀλλά καὶ περὶ τούτους ὁ εἰδὼς ἅ ἐστινόμιμα, καθ᾽ ἅ δεῖ πως ἀλλήλοις χρῆσθαι, νόμιμος ἄν ε ἴη.」我這裡是根據婁卜古典叢書所用的抄本譯的，其原文為：O ὔκ, ἀλλὰ καὶ περὶ τούτους ἐστι νομιμα. 多數學者認為J.S.Watson 所根據的抄本是偽作，不可憑信，這是從其意義的互不相合所可以清楚地看出來的。這就是我不採取前一抄本的原因。Josiah Renick Smith 在他校注的Xenophon: Memorabilia（Ginn&Company, Boston, 一九〇三年版）中把ὁ εἰδὼς ἅ和νόμιμοςἄν εἴη都放在括弧裡，是採取了折衷的辦法。——譯者

6

「那麼，那些按照律法彼此對待的人，是不是就是按照他們應該做的做了呢？」
「怎能不是呢？」
「按照應該做的去做的人豈不是做得好嗎？」
「當然是做得好，」尤蘇戴莫斯回答。
「那些在對待別人方面做得好的人，豈不是在人類事務方面也做得好嗎？」
「大概會如此，」尤蘇戴莫斯回答。
「那些遵守律法的人所做的事豈不是正義的嗎？」
「當然，」尤蘇戴莫斯回答。
「什麼性質的事情叫作正義，你知道嗎？」蘇格拉底問。
「律法所吩咐的事情，」尤蘇戴莫斯回答。
「那麼，那些遵行律法的吩咐的人所做的就是正義的和應該的了？」
「怎能不是這樣呢？」
「那些行正義之事的人難道不就是正義的人嗎？」
「我想是如此，」尤蘇戴莫斯回答。
「你想有什麼遵守律法的人卻不知道律法所吩咐的是什麼嗎？」
「我想沒有，」尤蘇戴莫斯回答。

「你想那些明知應該做什麼的人，卻會認為不應該做那些事嗎？」

「我想不會這樣，」尤蘇戴莫斯回答。

「你知道有什麼人不做他們明知應該做的事，反倒去做別的事嗎？」

「我不知道，」尤蘇戴莫斯回答。

「那麼，那些知道對於人什麼是合法的人，所做的一定是正義的了？」

「當然，」尤蘇戴莫斯回答。

「那樣，做正義之事的人豈不就是正義的人嗎？」

「還有什麼別的人會是正義的人呢？」尤蘇戴莫斯反問道。

「那麼，我們把那些知道對於人什麼是合法的人，定義為正義的人，豈不就是個正確的定義了嗎？」

「我想是這樣，」尤蘇戴莫斯回答。

7

「我們試想一想，智慧是什麼呢？請告訴我，你以為人們有智慧是因為他們知道事情呢，還是因為他們不知道呢？」

「顯然是因為他們知道事情，」尤蘇戴莫斯回答，「因為不知道事情的人怎麼能算是有智慧呢？」

「那麼，人之所以有智慧，是因為他們有知識了？」

8

「人有智慧如果不是因有知識，還能因為什麼別的呢？」尤蘇戴莫斯回答。
「你以為除了使人智慧的事以外，智慧還會是什麼別的嗎？」
「我以為不會是什麼別的。」
「那麼，知識就是智慧了？」
「我想是這樣。」
「不過，你以為一個人能知道所有的事情嗎？」
「當然不能，連一極小的部分都做不到。」
「這樣看來，對凡事都有智慧的人是沒有了？」
「當然沒有，」尤蘇戴莫斯回答。
「這樣看來，每一個人只是在其有知識的事上才是有智慧了？」
「我想是這樣。」
「尤蘇戴莫斯，用這樣的方法來研究善是不是可以呢？」
「怎樣研究呀？」尤蘇戴莫斯問。
「你以為同一樣東西對所有的人都是有用的嗎？」
「我看不是。」
「你是不是以為：對某些人有益的東西有時候對另一些人卻是有害呢？」

「的確如此，」尤蘇戴莫斯回答。

「除了有益的東西以外，你是不是也把另一些東西叫作善呢？」

「不，」尤蘇戴莫斯回答。

「這樣看來，對於任何人有益的東西，對他來說，就是善了？」

「我想如此，」尤蘇戴莫斯回答。

9

「再拿美來說，我們還能按什麼別的方法來下定義嗎？難道我們能把一個身體、工具或你所知道的任何其他東西，因其對於一切都是美好的才稱它為美嗎？」[2]

「當然不能，」尤蘇戴莫斯回答。

「那麼，任何一件事物，它對於什麼有用處，就把它用在什麼上，那就是美了？」

「的確是這樣，」尤蘇戴莫斯回答。

「任何一件事物，如果把它用在它所對之有用的事以外的什麼別的事上，它還會是美

---

2. 蘇格拉底的意思似乎是說，善、美等等，都是相對的，正如沒有對於一切都有益的善，也沒有對於一切都是美好（有益）的美；身體、工具或任何其他事物之所以被稱為美，只是就其某一方面而言。**J.S.Watson** 認為此句原文有誤，參看補翁古典叢書**J.S.Watson** 譯：《上行記或居魯斯遠征記》和《蘇格拉底回憶錄》合訂本，一八七五年，倫敦版四九九頁注。——譯者

的嗎？」

「對於任何一件別的事都不能是美，」尤蘇戴莫斯回答。

「那麼，有用的東西，對於它所有用的任何事來說，就是美的了？」

「我以為是這樣，」尤蘇戴莫斯回答。

「再說勇敢，尤蘇戴莫斯，你以為它也是美好的事物之一嗎？」

「我以為它是最美好的事物之一，」尤蘇戴莫斯回答。

「那麼，你以為勇敢是對最微不足道的事有用嗎？」

「當然不是，而是對重大的事有用，」尤蘇戴莫斯回答。

「那麼，你以為處於可怕和危險的事物之前毫無知覺，這是有用嗎？」

「絕不是，」尤蘇戴莫斯回答。

「這樣看來，那些由於對於這一類事物性質的無知而不害怕的人，就不是勇敢的人了？」

「當然不是，因為如果是的話，許多瘋子和懦夫就都是勇敢的人了。」

「那些對於本不可怕的事物反而害怕的人怎麼樣呢？」

「那就更不是勇敢的人了，」尤蘇戴莫斯回答。

「那麼，你以為那些在可怕和危險的事物面前能夠臨危不懼的人就是勇敢的人，而那些驚慌失措的人就是懦夫了？」[3]

「的確是這樣，」尤蘇戴莫斯回答。

11 「你以為在大難臨頭的情況下，除了那些善於應付的人以外，還有什麼別的人能夠臨危不懼嗎？」

「除了這些人以外沒有別人，」尤蘇戴莫斯回答。

「除了那些不善於應付的人以外，還有什麼別的人會驚惶失措呢？」

「還有什麼別的人呢？」尤蘇戴莫斯回答。

「那麼，雙方豈不都是按照自己所認為應該的那樣應付了嗎？」

「怎能是別樣呢？」尤蘇戴莫斯回答。

「那麼，那些不善於應付的人是不是知道他們應該怎樣應付呢？」

「毫無疑問不知道，」尤蘇戴莫斯回答。

「那麼，那些知道應該怎樣應付的人，只是那些能夠應付的人了？」

---

3. 這裡的「臨危不懼」和「驚惶失措」在原文裡是用「好」（ἀγαθός）和「不好」（κακός）兩個詞表達的，這是因原文ἀγαθός 本含有「勇敢」，κακός含有「怯弱」之意的緣故。Marchant 和 Watson 在這裡都只譯為「good」和「bad」,Johannes Irmscher譯為「sich bewähren 和 versagen」。——譯者

「只是他們，」尤蘇戴莫斯回答。

「那些並非完全錯誤的人怎樣呢，難道他們在這種情況下也驚惶失措嗎？」

「我想不是，」尤蘇戴莫斯回答。

「這樣看來，那些驚惶失措的人都是完全錯誤的人了？」

「很可能是這樣，」尤蘇戴莫斯說。

「這樣看來，那些知道怎樣應付可怕和危險情況的人就是勇敢的人，而那些完全錯誤的人都是懦夫了？」

「我看是這樣，」尤蘇戴莫斯回答。

12 在蘇格拉底看來，君主制和僭主制是兩種政體，但它們彼此很不相同。徵得人民同意並按照城邦律法而治理城邦，他認為這是君主制；違反人民意志且不按照律法，而只是根據統治者的意願治理城邦，是僭主制。凡官吏是從合乎法律規定的人們中間選出來的地方，他認為是貴族政治；凡是根據財產價值而指派官吏的地方，是富豪政治；凡是所有的人都有資格被選為官吏的地方，是民主政治。

13 當有人在某一點上和蘇格拉底有爭論，但不能把自己的意思說明白，只是斷言，他所說的某人，（比蘇格拉底所說的）更聰明，更有政治才能，更勇敢等等，卻拿不出證明的時候，蘇格拉底就會按照以下方式，把整個討論，引回到原則性問題上去：

14

「你是說你所推崇的人比我所推崇的，是更好的公民嗎？」

「我是這麼說。」

「那樣，我們為什麼不首先考慮一下，一個好公民的本分是什麼呢？」

「我們就這樣做好了。」

「從財政方面來說，豈不是那能使城邦更富裕的人是更好的公民嗎？」

「當然。」

「從戰爭方面來說，豈不是那能使城邦比敵人更強大的人是更好的公民嗎？」

「怎能不是呢？」

「作為一個使節，豈不是那能化敵為友的人是更好的公民嗎？」

「大概是。」

「在議會發言方面，豈不是那能止息紛爭，創造和諧的人是更好的公民嗎？」

「我想是。」

通過這種把討論引回到原則性問題上去的辦法，他就使那些和他爭論的人清楚地看到了真理。

15

[4]當他和人討論某一問題已有所進展的時候，他總是從已取得一致同意的論點逐步前進，認為這是討論問題的一個可靠的方法；因此，每當他發表言論的時候，在我所知道的人中，他是最容易獲得聽眾同意的人。他說，荷馬稱俄底修斯為「穩健的雄辯家」[5]，就是因為他能夠把議論從人們公認的論點向前引進。

---

4. 這裡分段是按 Watson，不是按 Marchant。——譯者
5. 《俄底修斯》viii，一七一（議會中的穩健發言者）。——譯者

第七章

蘇格拉底如何使他的門人有獨創精神，適於管理事務；他的坦率和真摯，第一節。他認為應把量地學學到什麼程度，第二—三節。他建議把天文學學到什麼程度，第四—七節。應避免虛有其表的研究，第八節。應注意健康，第九節。向神求問，第十節。

1 從我以上所說的可以明顯地看出，蘇格拉底總是把自己的心意真誠地向他的門人表示出來的，現在我還要說一說他如何關心他們在其所適合的工作中有獨立自主的工作能力。在我所認識的所有人中，他是一個最渴望發現他的門人們知道些什麼的人。凡是一個善良和高尚的人所應該知道的事，只要他自己知道，他總是非常樂意地教導他們；如果他自己不熟悉的話，他就把他們帶到那些知道的人那裡去。他還教導他們，一個受了良好教育的人對於各門實際學問應該熟悉到什麼程度。

2 例如，他說，一個人學習量地學，只需學到在必要時，能夠對於買進、讓出或分配的

土地進行正確的丈量、或者對於勞動量進行正確的計算，這是很容易學會的。任何專心研
3 究過測量學的人，都會知道一塊地有多大以及它是怎樣測量出來的。他不贊成為了研究複
雜難解的圖形而學習量地學；因他看不出這樣做有什麼用處，儘管他自己並非不懂這一
套。他認為這樣做會使人把畢生的精力都消耗在上面，以致許多別的有用的東西都無法學
習了。

4 他也勸人要熟習天文學，但這只是為了能夠知道夜間的時辰、月分節令、為了作水陸
旅行、值夜班和其他必須按節令、月分或夜間工作的方便，以便利用徵象來分辨上述時
5 間。他認為這一切知識也是很容易從那些在夜間行獵、掌舵和許多其他職業上有必要知道
這些事的人那裡學到的。至於為了分辨那些不在同一軌道上旋轉的天體、行星和彗星、為
了計算它們和大地的距離、他們旋轉的週期和原因而消耗精力，這一切他都非常不贊成，
他說，他看不出這樣做有什麼用處。其實他自己對於這些並非不懂，不過他認為這樣做會
消耗人的畢生精力，以致不能夠學習許多別的有用的東西。

6 關於天空的事情，一般說來，他勸人不必去探究神明是怎樣操縱每一個天體的，他認
為這些都是人所不能發現的，並且認為，那些求神喜歡的人不應該去探究神所不願意顯明
的事情。他還說，那些膽敢探究這些事的人，和阿拿薩哥拉斯一樣，都有喪失神智的危
險；阿拿薩哥拉斯以能解釋神明的造化而誇耀，因而喪失了神智。

7 當阿拿薩哥拉斯說火和太陽是同一個東西的時候，他沒有想到[1]人們很容易看火，卻不能凝視太陽，太陽光一曬，人的皮膚就發黑，被火光照皮膚卻不會發黑；他也沒有想到，沒有太陽光的照耀，地裡所出產的一切不能生長得好，但經火一烤，一切就都枯萎了。當他說太陽是塊火熱的石頭的時候，他也沒有想到這一事實：如果把石頭放在火裡，它既不會發光也不能長久抵抗火的威力，但太陽卻永遠是個最輝煌的天體。

8 蘇格拉底也勸人學習算術[2]，但對於這，也像對於其他事情一樣，他勸人避免作無意義的勞動。無論什麼有用處的事，他總是親自和他的門人一同研究，一同進行考察。

9 蘇格拉底竭力勸勉他的門人，要注意身體健康。一方面要儘量向那些知道怎樣保持健康的人學習；另一方面各人自己也要一生一世注意：什麼食物、什麼飲料和什麼樣的運動對自己有益處，以及怎樣利用他們使自己獲得最好的健康。他說，一個這樣關心自己健康的人將會發現，關於對健康有利的事情，他所曉得的比一個醫生所曉得的還要多。

10 當任何人希望獲得人類智慧所不能提供的幫助時，蘇格拉底就勸他去研究占卜術，因為他說，那些知道神明如何通過徵兆把事情顯示出來的人，任何時候都不會缺少神明的指點。

---

1. 以下的幾個「沒有想到」原文都是 ἀγνοέω（不知道）。——譯者
2. 原文 λογισμούς，計算。——譯者

第八章

蘇格拉底雖被處死刑，但這並不證明他的守護神是假的。他決心一死。他的無辜，鼓舞了他的勇氣。他認為死了反有好處，因為他可以避免老年的痛苦。本書論證的總結。

1 如果有人認為，儘管蘇格拉底曾說他的守護神預先提醒他什麼事該做，什麼事不該
做，但他既被法官判處死刑，這就證明他所說關於守護神的事是假的，這樣的人首先應該
考慮的是：當時蘇格拉底年事已高，即使那時不死，以後不久，他的生命仍然是要了結
的；其次，他所失掉的只是所有的人都感到智力衰退的人生中最累贅的一段時期，而他
所獲得的則是：他顯示了自己的精神力量；而且勝似任何人，他通過對於自己的案件所作
2 的最真誠，最坦率和最正直的申訴贏得了光榮；並且最鎮定、最勇敢地忍受了所判處的死
刑。人們一致承認，直到目前為止，還想不起有任何比他更好的忍受了死的人。由於那個

月正逢德利阿節[1]，按法律規定。在朝聖團[2]未從德拉斯回來之前，不得處死犯人，蘇格
拉底就不得不在判刑以後又活了三十天。在這一段時期中，所有和他在一起的人都清楚地
看出，蘇格拉底生活得和以前沒有兩樣，其實，在這以前，人們對於他比任何人都生活得
3 愉快而恬靜就已經非常讚歎了。任何人怎麼能死得比這更好？有什麼樣的死比這樣最英勇
地死去更高尚呢？有什麼樣的死比這樣最英勇地死去更幸福呢？有什麼樣的死比最幸福的
死更為神所喜愛呢？

4 我還要把我從希帕尼卡斯的兒子海爾莫蓋尼斯聽到的關於他的事說一說。海爾莫蓋尼
斯說，米利托斯繕就了控訴狀控訴蘇格拉底以後，他聽蘇格拉底還是講到很多事情，但卻
沒有提到他被控訴這件事，他對蘇格拉底說，應該考慮一下怎樣辯護了。但蘇格拉底的第
一句話卻是，「難道你不認為我一輩子就在進行著這件事嗎？」海爾莫蓋尼斯問他怎樣進

---

1. 德利阿節是在德拉斯（德拉斯據說是阿波羅神的出生地）舉行的紀念阿波羅的一個節日；此節每年在雅典的十一月即我們現在的五、六月之間舉行。——譯者
2. 朝聖團是由國家派遣到神住所或運動會去的使節，雅典人每年派一個朝聖團攜帶祭品到德拉斯去，是為了紀念雅典民族英雄賽蘇斯殺死人身牛頭怪物，從而免除了向它進貢七男七女的可怕處罰。——譯者

行的時候，蘇格拉底說他一輩子除了考慮什麼是正義，什麼是非正義，並且實行正義和避
免非正義以外，任何別的事都沒有做，他認為這就是他為自己所作的最好的辯護。但海爾
5 莫蓋尼斯又說道：「蘇格拉底，你難道看不出雅典法官們由於受到言辭的影響已經把許多
無辜的人判處死刑，但同時卻把許多有罪的人釋放了嗎？」「可是，海爾莫蓋尼斯，」蘇
格拉底回答道，「我本想考慮一下我在法官前的申辯詞的，但（我的）守護神卻不許。」
6 海爾莫蓋尼斯說道：「你的話真怪。」「如果神明以為最好我現在就了結此生，你以為奇
怪嗎？」蘇格拉底問道，「難道你不知道，到目前為止，我不承認有任何人生活得比我
更好或更幸福嗎？因我認為，生活得最好的人是那些最好地努力研究如何能生活得最好的
7 人；最幸福的人是那些最意識到自己是在越過越好的人。到目前為止，我覺得我自己的情
況正是這樣，當我和別人在一起並把自己和別人比較的時候，對於我自己我也一直是這樣
看法；不僅我自己是這樣，我的朋友們對我也一直抱有這樣的看法，這並不是由於他們愛
我（因為那些愛別人的人對於他們所愛的人是會有這樣看法的），而是因為他們知道，如
8 果他們常和我在一起，他們自己也會成為很好的人。但如果我活得更長久一些，很可能我
就不得不忍受老年的痛苦，目力減退啊，聽覺不靈啊，思想遲鈍啊，學習越來越緩慢啊，
記憶力越來越衰退啊，以致那些我曾經比別人強的事情，反倒變得不如別人了。如果我不
感覺到這些，生活就毫無價值，如果我感覺到的話，生活豈不就必然越來越壞而且越來越

不幸了嗎？」
9 「但如果我不義地死去，這乃是那些不義地處死我的人的恥辱，因為，不義既是可
10 恥的，不義地做任何事豈不都是可恥的嗎？[3]但對我來說，別人對我不能作正義的判決或
行為，有什麼可恥呢？我看，後人對前人的看法，是隨著他們生前受不義的待遇或者行不
義的事而不同的。我也知道，如果我現在死去，人們對我的看法，也會和他們對那些處死
我的人的看法不同，我知道他們會永遠給我作證，我從來沒有不義地待過任何人或者使任
何人變壞，而總是在努力使那些和我在一起的人變得好些。」

11 蘇格拉底就是這樣和海爾莫蓋尼斯以及其他的人談話的。那些知道蘇格拉底為人並羨慕德行的人們，直到今天，仍然在勝似懷念任何人地懷念著他，把他看作是對於培養德行最有幫助的人。對我來說，他就是像我在上面所描述的，是那樣的虔誠，以致在沒有得到神明的意見以前，什麼事都不做；是那樣的正義，即使在很微小的事上，也不會傷害任何人，反而將最大的幫助給予那些和他交往的人們；是那樣的自制，以致任何時候他都不會寧願選擇快樂而不要德行，是那樣的智慧，以致在分辨好歹上從來沒有錯誤過，而且不需

3. 這裡的意思似乎是，合法的形式並不能掩蓋一樁行為的不義的實質，參看 Josiah Renick Smith，《色諾芬：蘇格拉底回憶錄》一五一頁注。——譯者

要別人的忠告，單憑自己就能分辨它們；是那樣地有才幹，能夠說明並決定這一類事情；是那樣地有才幹，能夠考驗別人，指出他們的錯誤，勸勉他們追求德行和善良高尚的事情。在我看來，一個最善良、最快樂的人應該怎樣，他就是那樣的人。如果有任何人對這些描述還感到不滿，那就讓他把別人的品格和這些來比較一下，並加以判斷吧。

蘇格拉底在法官前的申辯

1 蘇格拉底在被起訴以後，他關於自己的申辯和生命的終結所作的考慮，我以為都是值
得回憶的。雖然別人已經論述了這些事，而且都不謀而合地提到了他的崇高的言論（這說
明了蘇格拉底的確是這樣說的），不過，至於蘇格拉底這時已經認為，對他來說，死比
生更為可取，這一點他們並沒有說明，因此，他的這些崇高的言論就顯得是沒有意義的
2 了。但希帕尼卡斯的兒子海爾莫蓋尼斯是他的親密朋友，他曾作過這樣的報導，顯示了蘇
格拉底的這些崇高的言論和他當時的心情是正相符合的。海爾莫蓋尼斯說，他看到蘇格拉
底當時什麼事都講到了，可是沒有提到自己將要受審的事，他就問他：「蘇格拉底，難道
3 不需要為自己的申辯考慮一下嗎？」對此，蘇格拉底首先的答覆是：「難道你不認為我一
輩子都是在申辯著嗎？」海爾莫蓋尼斯問道，「你是怎樣申辯呢？」「我一生一世沒有做
過不義的事，我以為這或許就是最好的申辯了。」海爾莫蓋尼斯又對他說道：「難道你看
4 不出雅典人的法庭由於受到言辭的影響常常把無辜的人處死，而在另一方面，由於言辭所

引起的惻隱之心或由於申辯的人話說得中聽，也常把有罪的人釋放了嗎？」蘇格拉底回答
道：「的確是這樣；我曾有兩次想著手考慮關於申辯的事，但我的守護神一直反對我這樣
5 做。」海爾莫蓋尼斯對他說道：「你講話很奇怪。」蘇格拉底說道，「難道你以為，即使
在神明看來，我現在死去更好，也是奇怪的事嗎？難道你不知道，到目前為止，我不承認
有任何人比我生活得更好嗎？我以為，那意識到自己一輩子度著虔誠和正義生活的人就是
最幸福的人，因而，當我發現自己是這樣的時候，我對於自己是感到非常快慰的，而且那
6 些和我在一起的人對於我也是抱有同樣的意見。現在，如果我還繼續活下去，我知道龍鍾
老態就是不可避免的：目力變壞了；聽覺減弱了；學習也越來越困難了；而且學過的東
西也記不住了。當我感覺到自己精力不逮而怨天尤人的時候，怎麼還能說我是在幸福地生
7 活著呢？」「因此，也許，」蘇格拉底繼續說道，「正是由於神明恩待我，照顧我，他才
不僅使我在適當的年齡死去，而且還是用最容易的方法。因為，如果我現在被判罪，很明
顯，那些判處我的人會讓我考慮一種最容易的、使朋友最少感受痛苦、使死者最多被懷念
的方式來結束我的生命。當一個人不給朋友的心上留下任何可恥和不愉快的回憶、身體還
保持著健康、心靈還能表現友愛的時候就安靜地死去，這樣的人又怎能不被懷念呢？當我
8 們認為務必用一切方法尋找理由來逃避一死的時候，神明反對我們完全是正當的，因為
很明顯，這種方法如果成功了，就不僅不能像現在這樣結束生命，反而要準備飽嘗疾病痛

9 苦、在充滿著各種不堪忍受的災難而且毫無樂趣的晚年中死去。」「海爾莫蓋尼斯，」蘇
格拉底繼續說道，「無論如何我是不願意這樣死去的。但如果因為我闡述我從神和人所受
的恩遇以及我對於我自己的看法而激惹了法官們，那我將寧願選擇死，也不願奴顏婢膝地
乞求比死還壞得多的苟且偷生。」

10 海爾莫蓋尼斯接著說，蘇格拉底既然這樣下了決心，在對方指控他不尊重城邦所尊重
11 的神、反而引進另一些神和敗壞青年以後，他就進前說道：「諸位，我首先感到驚奇的
是，米利托斯怎麼能說我不尊重城邦所尊重的神。因為其他凡是碰巧在場的人——連米利
托斯本人，如果他願意的話——都曾看見了我在公共節日在民眾祭壇上獻過祭。至於說
12 到新神，我只是說神明的聲音向我顯明，指示我應該做的事罷了，這怎麼能說是引進新神
呢？而且，那些根據飛鳥的鳴聲和人們的語言來求得神的啟示的人，毫無疑問，也都是憑
聲音來判斷的呀。難道還有人會爭論打雷是否發出響聲或者它是否最大的預兆嗎？難道守
候在三足鼎旁的普騷[1]女祭司本人不也是通過聲音來傳達神明旨意的嗎？此外，神明預知
13 未來的事，並把它指示給他所願意指示的人，肯定也是如此；我所說的和眾人所說、所

1. 普騷即德爾非的原名。——譯者

想，完全一樣。只是他們把那預示未來的事物叫作靈鳥[2]、神諭、兆頭、先知，而我則是把它叫作守護神罷了。我以為我這樣稱呼比那些把神的權力歸之於鳥類的人更為真實也更為虔敬。至於我在這件事上並未說謊得罪神，有以下的事足以證明：儘管我多次把神指示我的事告訴我的朋友們，從來沒有一次證明過我所說的是假的。」

14 法官們聽了這些話就吵嚷起來，有的不相信蘇格拉底所說的，有的則因蘇格拉底從神那裡受到比他們更大的恩典而起了嫉妒的心，蘇格拉底接著又說道：「好吧，現在你們再聽一些別的，你們當中那些不願相信的人將會更加不信神是怎樣重看我了。哈賴豐有一回在德爾非當著許多人的面向神求問關於我的事的時候，阿波羅的回答是：沒有比我更自由、更正義、更能自制的人了。」

15 法官們聽了這些話，很自然地吵嚷得更加厲害起來，蘇格拉底進一步說道：「諸君，神明在關於拉開代莫尼人立法者盧庫格斯的神諭中論到他的話比論到我的還要偉大呢！因為據說，當盧庫格斯跨進神廟的時候神明對他說：『我正在考慮著該把你稱作神還是稱作人。』阿波羅並沒有把我和神相比，但他的確認為我比別人強得多。然而，在這方面你們

---

2. 古希臘人用以占卜未來的大鳥，如鷹、鶥之類。——譯者

16 也不應當盲目地相信神，而是應當把神所說的話仔細地加以研究。你們知道有誰比我更少受情慾的奴役呢？有誰比我更自由——從來不接受任何人的禮物或酬勞呢？你們能夠合理地把誰看為比那安於自己的所有、不向任何別人有所求的人更正義呢？怎能不合理地把那自從懂話以來，就不止息地盡力尋求學習善的人不稱之為聰明人呢？難道你們不認為，許

17 多追求德行的本國同胞和從各處來的外國人，都寧願和我交遊，這就是我的勞苦沒有白費的證明嗎？儘管明知我是個不能用金錢回報他們的人，許多人還是渴想對我有所饋贈，我們應該說這是由於什麼原因呢？為什麼沒有一個人要求我向他報恩，反倒有許多人異口同

18 聲地說他們欠我的恩情呢？為什麼當圍城[3]的時候，別人都自歎命苦，而我卻能毫無困難地和城市最興旺的時候同樣地生活呢？為什麼別人的享受是從市場上花大量金錢買來的，而我卻能不用花錢，從自己的心靈裡獲得更甜蜜的享受呢？既然沒有人能夠證明我所說關

19 於自己的話是假的，我受到神明和人們的讚揚豈不就是很合理了嗎？然而，米利托斯，我這樣地追求德行，你倒說我是敗壞青年嗎？我想我們一定懂得敗壞青年是怎麼一回事，你說一說你知道究竟有誰由於受到我的影響從虔誠變成邪惡、從自制變成放肆、從節儉變成

3. 指裴洛帕奈西戰爭，最後一年雅典城被斯巴達人圍困而言。——譯者

浪費、從節酒變成狂飲、從愛勞動變成貪玩耍或者變成貪圖其他罪惡的享受呢？」

20 「但我確實知道，」米利托斯回答道，「你已經引誘了許多人服從你而不服從自己的父母。」

「在教育問題上，」蘇格拉底回答道，「我承認這一點，因為人們都知道這是我關心的對象。在健康問題上，人們都寧願聽從醫生而不聽從父母；而且毫無疑問，所有的雅典人，在立法會議上，都是聽從那些最明智的發言者而不是聽從他們自己的親戚，在選擇將領的時候，你們難道不是選擇那些最精通軍事的人，而不是選擇自己的父母、兄弟或者甚至自己本人嗎？」

「蘇格拉底」，米利托斯回答道，「這是因為這樣做有好處，而且這也是一般的做法。」

21 「因此」，蘇格拉底反問道，「在別的事上人們這樣做，不僅受到一般的待遇，而且還受到極大的尊敬，而我，因為被有些人認為在對於人類有最大好處的教育方面很精通，反而被你們判處死刑，你難道不以為這是件奇怪的事嗎？」

22 很顯然，蘇格拉底本人和那些為他申辯的朋友們所說的話要比我所記述的多得多，但我並不打算講述他的全部受審經過，而是認為只指出這一點就夠了；蘇格拉底的用意只是要證明他所做的一切，既沒有對神不虔敬，也沒有對人不正義；他不但不想乞求免死，反

23 而認為自己現在死去，正是時候。他的這種想法，在他被判刑以後，就越發清楚了。首先，當法官們吩咐他提出自己所認為的合適的刑罰時[4]，他不但自己不提，還不讓他的朋友們代提。他說，提出這樣的處刑就是承認自己有罪。後來，當他的同伴們想把他偷偷帶出監牢時他也不肯跟他們走，反而似乎開玩笑地問他們是不是知道在亞底該以外，有什麼死亡不會臨到的地方。

24 當審問完結的時候蘇格拉底說道：「諸位，那些教唆見證人作假見證誣陷我的人，和那些被他們說服而聽從他們的話的人，總會感覺到自己是多麼不虔誠和不正義的；至於我，既然沒有人能證明我犯了所指控的罪，我又怎能認為自己現在比我被判罪以前有什麼不如呢？因為並沒有人能指出我不向宙斯、赫拉以及他們一夥的神獻祭而反倒向新神獻祭，也沒有人能指出我指著什麼別的神起誓或提到什麼別的神的名字。我一直是在勸導青

25 年要堅忍不拔，樸素節約，難道這能說是敗壞青年嗎？至於那些按法律規定應處死刑的罪過——搶劫廟宇、挖牆偷盜、賣人為奴、背叛祖國，連那些控告我的人也沒有說我犯過這

26 些罪。因此，你們怎麼能夠竟然認為我應被判處死刑。這是我大惑不解的。」

---

4. ὑποτιμάομαι，這是雅典的一個法律用語，按雅典法庭有一種慣例，罪犯在被判刑以後可以自己提出一種較輕的處罰來請求法官們考慮。——譯者

「不過，無論如何，別人不義地把我處死，我自己是沒有理由因此而自慚形穢的。因為不光彩的不是我，而是那些定我罪的人。在這方面，那和我處於彷彿情況而被處死的帕拉梅代斯[5]也鼓舞了我。直到現在，帕拉梅代斯所提供給我們的美妙頌歌的題材也不是比那不義地處死他的俄底修斯所提供的要多得多。我知道，未來的時候，將如在過去的時候一樣，證明我從未損害過任何人或者使任何人變得壞些，與此相反，我總是使那些和我交談的人得到好處，盡我所能地把好的事情白白地教給他們。」

27 蘇格拉底講了這些話以後就離開了，他的眼光、容貌和姿態，都表現出非常快樂的樣子，和他所說的話完全符合一致。當他覺察出跟隨他的人們在哭泣的時候，就問道：「這是怎麼一回事呢？難道現在就哭起來了嗎？你們豈不知道我從一生下來按本性老早就註定是要死的嗎？的確，如果當百般福氣正在傾注在我身上的時候而我突然死去，很顯然這對於我自己和那些祝願我幸福的人都是必然會帶來痛苦的，但如果當難以忍受的禍患快要來到時而能了此一生，我以為這對於我既然是一件好事，你們大家也就應該高興才是。」

28 這時在場的阿帕拉朵拉斯是一個非常熱愛蘇格拉底的人，但在其他方面頭腦卻很簡

---

5. 帕拉梅代斯是古希臘特洛伊的一個戰士，由於俄底修斯等人所捏造的叛國罪而被處死。——譯者

單，就說道：「可是，蘇格拉底，看到他們這樣不公正地把你處死，這是令我最難忍受的。」據說蘇格拉底用手撫摸著他的頭，同時微笑地問道：「親愛的阿帕拉朵拉斯，難道你希望看到我公正地而不是不公正地被處死嗎？」

29 據說，當蘇格拉底看到安奴托斯[6]走過時說道：「這是一個非常自負的人；我因看到城邦給予他一些很高的職位，曾對他說，『不必再使你的兒子學做硝皮匠了』，就因為這個緣故，他竟以為如果把我處死，就是做了一件偉大而高尚的事情。」「看來這個惡棍並不知道，」蘇格拉底接下去說道，「我們兩人中誰做出了在永恆意義上的更有益、更高尚的事情，誰才是真正的勝利者。」蘇格拉底接下去又說道，「荷馬曾把預知未來的能力歸

30 之於那些快要死的人，我現在也想預言一點未來的事情。我曾有一度和安奴托斯的兒子在一起，看出他並不是一個缺乏精力的人。因此，我說他一定不會長久把時光消磨在他父親給他準備的那樣卑屈的職業上。但因為沒有人認真照顧他的緣故，他就難免會染上某種可恥的嗜好而深深地陷在罪惡之中。」

31 蘇格拉底這話並沒有說錯。這個青年人酷愛喝酒，他無論白天或黑夜總是在不停地飲

---

6. 安奴托斯是蘇格拉底受審時的三個原告人之一。——譯者

酒，結果把自己弄得無論對城邦、對朋友或對自己都毫無價值。安奴托斯由於沒有把自己的兒子教育好，同時也由於他的狂妄無恥，儘管自己已經死去，仍然留著惡名。

32 另一方面，由於蘇格拉底在法庭上高抬自己，也招惹了法官們對他的忌恨，並使他們越發想要定他的罪，但我以為，蘇格拉底所遭遇的，正是神所鍾愛之人的命運：他避免了
33 人生的最難忍受的部分，而且他的死法，也是一種最容易的死法。他表現了英勇不屈的精神；因為自從他認定了，對他來說，死比繼續活下去更好以來，他就一直堅定不移地面向著死亡迎上前去，即使是對別的美好的事情也沒有這樣堅定，他從來沒有對於死亡表示過任何軟弱，而是極其高興地、耐心地等待著，終於獻出了自己的生命。

34 當我考慮到這個人的智慧和高尚品格的時候，我就不能不想念他，而在想念他的同時，更不能不讚揚他。如果在那些追求德行的人們中間有誰會遇到比蘇格拉底更有益的人，我認為這個人就是最幸福的人了。

中希英譯名對照表

A

B

D

E

F

N

O

P

S

T

X

Y

Z

譯後記

在翻譯本書的過程中，除對照希臘原文外，還參考了Johannes Irmscher的德譯本《Xenophon: Erinnerungen an Sokrates》以及Sarah Fielding，E.C. Marchant等人的英譯本。這些譯本中相關部分常常出現差異，顯然這與這幾位譯者對於原文理解的出入有關，也有是由於他們所依據的原文版本不同而產生的歧異，對此，我在如何取捨上，都擇要在註腳中加以說明。我這樣做的意思是要向讀者交代，原書有過不止一種的版本，或者雖是同一版本，原文有過這樣那樣的不同譯法，藉以開闊眼界，為進一步研究提供參考。

書中專名譯音，凡約定俗成的，例如：「柏拉圖」，希臘原文為Πλάτων，字尾有n音，英文一般譯為Plato，但也有譯為Platon的，我採用的中譯名即作柏拉圖，又如「蘇格拉底」，希臘原文為Σωκράτης，英文為Socrates，保留了字尾的s音，中譯名通為「蘇格拉底」則把字尾的s音略去了，因這些中譯名沿用已久，已成習慣，即不再更動。其他的譯名，一律根據希臘原名，盡可能使其接近原音，連名字最後的s或n音一般也予以保留，其所以這樣做，一方面是為了力求接近原音；另一方面也是為了從中譯名反求希臘原名時可以提供一條線索。譯者既無意標新立異，也不反對用稍為簡略譯法以免過於冗長，只要能行得開，為大家所接受就好。

按本書希臘文原名為「ΞΕΝΟΦΩΝΤΟΣ ΑΠΟΜΝΗΜΟΝΕΥΜΑΤΑ」譯成中文就是「色諾芬的回憶錄」，並未講回憶的是什麼事或什麼人。因蘇格拉底這個名字在希臘已家喻戶曉，就像中國《論語》一書，雖然沒有提到孔子的名字，但一般人都知道是記錄孔子言行的書。我國一般稱此書為《蘇格拉底回憶錄》，這個書名易誤以為是蘇格拉底本人的回憶，所以，我現改譯書名為《回憶蘇格拉底》。作者色諾芬是蘇格拉底的弟子，因此，也有把它譯為《師門回憶錄》的。

蘇格拉底（西元前四六九—前三九九），希臘雅典人，據說父為雕刻師，母為助產士。有人說他是古希臘哲學家阿基老（Archelaus）的弟子，是阿那克薩哥拉（Anaxagoras）的再傳弟子。早年對自然科學頗感興趣，精通當時的量地學（即幾何學）和天文學，後因立志研究人類道德改造問題，乃毅然放棄與人類行為沒有直接關係的幾何學及天文學，專以探索人生目的何在（何為善），以教導雅典青年為職志。他自己沒有留下什麼著述，我們所知道關於他的事蹟都是得自他的學生們的著作，主要是色諾芬和柏拉圖二人。色諾芬是個軍人，柏拉圖是個思想家，雖然兩人都出身貴族奴隸主家庭，但他們的秉賦不同，愛好各異，而蘇格拉底是個多方面的天才，因而兩個人筆下所描繪的蘇格拉底也頗不相同，其實不過是兩個人繼承並強調了老師教誨的不同方面而已。

蘇格拉底、柏拉圖、亞里斯多德號稱希臘三傑，三傑之中以蘇格拉底為首，其思想對西方世界文明影響極大。就連柏拉圖和亞里斯多德的成就也不能不說有一部分應歸功於蘇格拉底。他教導人要「認識自己」，又說，「我只知道我一無所知」，為了堅持自己的原則和信念，甘願以身殉道（原則、信念），而不願苟且偷生，所有這些應該說都是他的偉大處。但是，蘇格拉底作為生活於一定歷史條件和環境中的個人是有其局限性的，他的天文學知識距近代相差甚遠，他過分強調了知的重要性而忽略了意志的作用（這一點後來他的學生柏拉圖曾試圖加以糾正），以及他的多神論思想都是他受歷史條件局限的證明。我們研究蘇格拉底，貴在批判地繼承，擷取其精華，拋棄其糟粕，使古為今用，洋為中用。也許有人會說，蘇格拉底是惟心主義哲學家，我們是惟物主義者，有什麼好繼承的呢？對於這種見解，筆者不敢贊同。黑格爾是人所共知的德國客觀惟心主義者，馬克思批判地吸取了他的辯證法中的「合理內核」，加以革命的改造，大大豐富了馬克思主義哲學的內容，這一點誰又能否認呢？研究一點蘇格拉底的思想，批判地繼承這份文化遺產，我想肯定也會有一定好處的。

大衛・施特勞斯認為，「我們對於耶穌歷史的知識是不完全的，也是不確定的」，而「蘇格拉底的形象則要清晰明確得多，儘管他比耶穌還要早四百年」（《耶穌傳》德文原著三八二—三八三頁）。但是，和他的意見正相反，以為蘇格拉底的事蹟充滿神話傳說的也大有人在，例如，美國聖母大學法學教授安登赫爾曼・克魯斯特（Anton Hermann Chroust）就寫過一本叫作《蘇格拉底，人和神話》（Socrates, Man and Myth）的書，提出了不少他認為是神話而非史實的問題。這就為我們提出了一個對於離我們時代久遠，由於文獻不足或互相矛盾而弄不大清楚的歷史人物，究竟應採取什麼態度的問題。這也是一個值得進一步深入探索的領域。

本書中的章節分段以及每章前的提綱都非原著所有，而是後人所加，一併譯出是為了讀者的方便。

由於譯者學識淺陋，對蘇格拉底很少研究，譯文舛謬之處在所不免，敬祈讀者指正。

國家圖書館出版品預行編目資料

回憶蘇格拉底 / 色諾芬作 ; 吳永泉譯 . --初版-- 臺北市:五南，2018.10
面 ; 公分
ISBN 978-957-11-9834-7(平裝)

1. 蘇格拉底（Socrates, 469-399 B.C.） 2. 古希臘哲學

141.28 107012188

大家身影 002

回憶蘇格拉底

弟子筆下的老師思想 / 行誼之我見

ΕΝΟΦΩΝΤΟΣΑΠΟΜΝΗΜΟΝΕΥ ΜΑΤΑ

作　　者 —— 色諾芬　Ξενοφῶν
譯　　者 —— 吳永泉
發 行 人 —— 楊榮川
總 經 理 —— 楊士清
副總編輯 —— 黃惠娟
責任編輯 —— 蔡佳伶
封面設計 —— 王麗娟
出 版 者 —— 五南圖書出版股份有限公司
地　　址：台北市大安區 106 和平東路二段 339 號 4 樓
電　　話：02-27055066（代表號）
傳　　真：02-27066100
劃撥帳號：01068953
戶　　名：五南圖書出版股份有限公司
網　　址：http://www.wunan.com.tw
電子郵件：wunan@wunan.com.tw
法律顧問 —— 林勝安律師事務所　林勝安律師
出版日期 —— 2018 年 10 月初版一刷
定　　價 —— 420 元